Der Abzug der niederländischen Truppen aus Bonn 1715

Dokumente in deutsch und französisch

bearbeitet von Norbert Flörken

Fundstellen:
1.   Staatsbibliothek zu Berlin, Signatur 10 in:4°
        Gv559;   http://resolver.staatsbibliothek-ber-
        lin.de/SBB00016DEB00000000 (deutsch) und
2.   USB Köln, Signatur RHG450; http://www.ub.uni-
        koeln.de/cdm/ref/collection/rhein-
        mono/id/585917 (französisch).

Der letzte Text (vom 30.12.1715) ist das Hauptdoku-
ment, in dem auf die Begleittexte (Lit. A – E) hingewiesen
wird. Zur besseren Verständlichkeit sind alle Texte chro-
nologisch geordnet. Die im Text vermerkten Seitenzahlen
beziehen sich jeweils auf die deutsche oder französische
Version. Im (Theatrum Europaeum 1713-1715, 1734, S. 59
ff) sind weitere Texte, teilweise identische, enthalten.

Bibliographische Information der Deutschen Nationalbibliothek:
Die Dedutsche Nationalbibliothek verzeichnet diese Publikation in
der Deutschen Nationalbibliographie, detaillierte bibliographische Da-
ten sind im Internet über http://dnb.dnb.de abrufbar.
© Norbert Flörken
Herstellung und Verlag:
BoD – Bokks on Demand, Norderstedt
ISBN 9783748126027

Inhalt

Einleitung

Die beiden schmalen Hefte beleuchten das letzte Kapitel einer jahrzehntelangen kriegerischen Auseinandersetzung um die Festung und Stadt Bonn. Nach 1673[1] und 1689[2] wurde Bonn 1703[3] zum dritten mal von deutschen (und niederländischen) Truppen belagert, weil der Kurfürst Joseph Clemens im spanischen Erbfolgekrieg 1701 die Stadt dem französischen König überlassen hatte. Anders als 1689 erreichten die Belagerer schon nach wenigen Tagen, dass die französischen Besatzer aufgaben und von Bonn abzogen. Anschliessend wurden vertragsgemäß die barocken – nicht die mittelalterlichen – Stadtmauern teilweise niedergelegt und eine niederländische Garnison von ca. 2.000 Mann in die städtischen Kasernen gelegt; Offiziere konnten Privatzimmer beanspruchen. Kurfürst Joseph Clemens lebte in all diesen Jahren in Frankreich, ließ sich endlich zum Priester weihen, hatte aber nichtsdestotrotz Liebschaften, mit denen er Kinder zeugte[4].

---

[1] Siehe (Flörken, Die erste Belagerung Bonns 1673. Ein Lesebuch, 2017)

[2] Siehe (Flörken, Die Belagerung und Zerstörung Bonns 1689. Ein Lesebuch, 2015)

[3] Siehe (Flörken, Die dritte Belagerung Bonns 1703. Ein Lesebuch, 2017)

[4] Siehe (Flörken, Kurkölnische Landesmütter. Die Frauen der Kölner Erzbischöfe, 2017)

Am 25. Febraur 1715 kehrte Joseph Clemens aus dem französischen Exil nach Bonn zurück[5]. Freilich war er die niederländische Besatzung noch nicht los; er schaltete den Kaiser ein, der sich bei den Generalstaaten auch für den Abzug stark machte. Diese bestanden aber hartnäckig auf dem umfassenden Abriß der Fortifikationen. Nunmehr ließ Joseph Clemens hier und da etwas niederreissen, was den Holländern selbstverständlich nicht reichte. Darauf hin setzte der Kurfürst – mit Rückendeckung durch den Kaiser – den Haag ein Ultimatum: Abzug bis zum 1. November. Am 19. November rückten dann kurkölnische Truppen in Bonn ein und drängten die Holländer zu den Toren hinaus. Die Generalstaaten beschwerten sich über diese Nötigung; letzten Ende einigte man sich 1717 dahingehend, dass in Lüttich, Huy und Bonn die Festungswerke weitgehend geschleift wurden, kontrolliert von generalstaatischen Inspektoren.

---

[5] Dazu siehe (Ennen, 1851, S. 198 ff.)

nach 1713 April 11 Protest Lüttich gegen den Vertrag von Utrecht

Protestation contre l'Article 16 du Traité de Paix conclu à Utrecht [= Lit. B.]

Les Etats de là Principauté de Liege ayant reconnu, que par l'Article 26 du Traité de Paix conclu à Utrecht le 11. Avril 1713 entre Sa Majesté Trés-Chrêtienne & les Seigneurs Etats Généraux, on est convenu, *que les Garnisons, qui se trouvent, ou se trouveront ci apres, de la part des Seigneurs Etats, dans la ville, Château, & forts de Hui, comme aussi dans la Citadelle de Liege, y pourront rester aux dépens desdits Seigneurs <13> Etats; & que Sa Majeste sera en sorte, que l'Electeur de Cologne en qualité d'Evêque & Prince de Liege, y consente*: prennent la liberté de représenter à Leurs HH.PP. [6] les grands préjudices, que ledit Article porteroit la Principauté de Liege, s'il etoit exécuté, & le peu d'avantage qui leur en reviendroit.

Le premier prejudice est le tort, que peut souffrir la Religion Catholique, par l'introduction d'une Garnison soumise à une Puissance, qui fait Profession d'une autre Religion. Les Etats de la Principauté de Liege, gouvernez de tout tems par un Prince Ecclesiastique, & inviolablement attachez à la Religion Catholique, craignent avec beaucoup de fondement, qu'à la faveur des Garnisons, il ne s'introduire peu à peu quelque changement dans la Religion.

---

[6] = Les Hauts et Puissants [Seigneurs] = die hochmächtigen Herren oder „die Hochmögenheiten", und Vos Hauts et Puissants [Seigneurs] = Ihre hochmächtigen Herren.

On en a vu l'exemple dans la Ville de Rhinberg, appartenante à l'Electorat de Cologne, où dans le tems, qu'elle a été occupée par les Troupes de Leurs HH.PP., sous prétexte de servir de boulevard contre les Ennemis de cette République, alors naissante, les Garnisons Protestantes ont introduit insensiblement l'exercice public de leur Religion, & ont donné lieu d'enlever aux Catholiques une de leurs anciennes Eglises, non obstant les promesses qu'on leur avoit faites. On a vu même alors les Bourgeois obligez a choisir les Magistrats des deux Religions ennombre égal. La seule crainte d'un pareil inconvenient seroit capable de causer un soulevement général, & de ruiner, par une funeste division, la Principauté de Liège.

1. Un second préjudice, très-considérable par raport aux intérêts spirituels, seroit, que le très-illustre Chapitre de l'Eglise Cathédrale perdroit peu à peu la liberté des Elections Canoniques, fi importante pour le Choix de bons Evêques, d'où dépend entièrement le salut, & le repos des Peuples On n'a garde de soupçonner, qu'on voulût employer l'autorité, ou la force, pour contraindre les suffrages: mais on fait allez ce que peuvent les insinuations, les promesses la crainte, l'espérance, les autres moyens. Des particuliers n'oseroient presque jamais choisir le sujet le plus digne, comme ils y sont étroitement obligez par toutes les Loix Divines & Humaines; mais se trouveroient portez à suivre, dans leur choix, inclination, & les desirs d'une Puissance, qui par des raisons d'Etat, plutôt que de Religion, se

trouvera toujours engagée à faire choisir celui qui paroîtra le plus favorable à ses vues, si à ses desseins.

2. Un troisième préjudice seroit la diminution, & même enfin la perte entière de sa Souveraineté temporelle. Le Païs de Liege joüissant paisiblement Ecclesiastique, sent assez, qu'une Puissance étrangère, qui peut disposer des Garnisons, & qui est assurée des Forts, des Châteaux, & des <14> Places fortifiées, est absolument Maitresse du Païs; & que, quelque précaution qu'on prenne d'abord, pour empêcher l'accroissement d'une Puissance, qui a déjà le pied dans le Païs, & qui dispose des Forteresses, il se trouve toujours dans la suite assez de raisons, ou de prétextes specieux, colorez, de la necessite, & soutenus par la force, pour rendre Maître de toute autorité, & ne laisser au Prince légitime, que apparence & le nom, sans aucun effet. C'est ainsi, que pendant le cours de la Guerre en l'année 1676 le Roi Très-Chrétien ayant occupé le Château de Bouillon, sous prétexte de pourvoir a la surete de ses Frontières, s'en est rendu absolument le Maître, aussi-bien que de tout le Duché: quoi-que Sa Majesté eût declaré plusieurs fois, que dès que la Guerre seroit finie, Elle remettrait le tout à l'Eglise de Liège, aux droits de laquelle le Roi Très-Chrétien avoir promis de ne porter aucun préjudice.

Tout de même, le Roi Catholique[7], sous un pareil prétexte, ayant fait construire les Forteresses de Charlemont, & de Philippeville, dans le Comte d'Agimont,

---

[7] = Le Roi [très] catholique = der allerkatholischste König = der König von Spanien.

qui est de la dependance de la Principauté de Liège, dont il avoit promis de conserver tous les droits, a crû dans la suite en pouvoir disposer si absolument, que sans avoir même entendu le Ministre du Prince de Liège envoyé à Lille, pour y veiller aux intérêts de son Eglise, il a partage ce Comté avec le Roy Très Chrétien.

3. Un quatrième préjudice, qui regarde le Peuple de la Principaute de Liège, seroit l'ambition, ou l'avarice des Commandans. On ne doute point a la verite, que Leurs HH.PP. ne donnent toute l'attention necessaire pour le choix des Officiers, à qui elles confieraient ces Postes; mais une longue & trop certaine experience fait allez voir, que les Souverains les mieux intentionnés se laissent quelquefois surprendre dans ce choix, & que la nécessité de récompenser de longs services les engage souvent a donner ces emplois à des Officiers, qui regardent un Païs étranger, comme un Pais de Conquête, & qui pour s'enrichir, se sont un droit des moindres prétextes, a la charge du Peuple.

On ajoute a ces considérations, le peu d'intérêt que Leurs HH.PP. ont de mettre des Garnisons dans les Forteresses du Païs de Liège, & le peu d avantage, qui leur en reviendroit.

Le principal intérêt de Leurs HH.PP. par raport au Païs de Liège, est de conserver le cours de la Meuse entièrement libre. Or elles n'ont rien a craindre de ce côte-là, tant qu'elles seront Maîtresses de Namur, & de Mastricht, sur tout lorsque le Château de Huy avec ses autres Forts, celes defenses extérieures de la Citadelle de Liège seront démolies, comme pour la même raison on a détruit, au commencement de cette Guerre, le Château de Dinant.

D'ailleurs, la garde de ces Places, & la nécessité d'y entretenir des <15> Garnisons, jetteroit Leurs HH.PP. dans des depenses infinies, & tout-à-fait superfluës, puisque leurs Frontières sont entièrement à couvert par Charleroi, Namur, Luxembourg, & Mastricht, sans parler du Hainaut du Brabant, de le Gueldre, & des autres Pais, qui sont pour elles, comme une Barrière naturelle, se trouvant situez entre leurs Etats, & ceux de Sa Majesté Très-Chrétienne.

C'est une chose très-digne d'attention, que, lorsque la Paix eut été signée par les Plénipotentiaires de S.M.T.C.[8] & de LL.HH.PP. les premiers firent délivrer, par ceux de S[a] M[ajeste] Britannique, à Mr. le Comte de Sinzendorf, les Conditions des dernieres offres, sur lesquelles la France vouloir traiter avec S.M.I. & l'Empire.

Une de ces Propositions contient, qu'il *pourra y avoir Garnison des Etats Généraux dans la Citadelle de Liege, & dans la Ville, & Château de Huy*, marque évidente, que l'occupation de ces deux Places dépendoit encore d'un Traite à faire avec 'Empereur & l'Empire, nonobstant ce qui avoit été conclu a leur égard dans le Traité de Paix fait avec LL.HH.PP.: puisque si ce qui a été conclu dans ce Traité, devoit servir de Loi à l'égard de l'Empereur & de l'Empire, il eut été inutile d'en faire encore mention dans ces Propositions faites à S.M.I. & au St. Empire.

---

[8] = Sa Majesté Très Chrétienne = Seine allerchristlichste Majestät = Der König von Frankreich.

Leurs HH.PP. pourroient dire, que par le Traité sus-mentionné, conclu entre elles, & S.M.T.C., & garanti par S.M. Britanique, Elles ont un droit acquis, auquel on ne peut donner aucune atteinte: mais on supplie instamment, de vouloir bien faire reflexion, que tant le Roy de France, que la Reine de la Grande Bretagne ont expressement reservé, l'un le consentement du Prince Territorial, & l'autre celui de S.M.I. & de l'Empire, comme il paraît par le même Article 26 rapporte plus haut, & par l'extrait dès Résolutions de LL.HH.PP. du 10. Décembre 1712 où il est dit: *que pour ce qui regarde Huy, & Liege, cela se devoit régler avec les Ministres de l'Empereur & de l'Empire:* et dans les demandes specifiques faites par LL.HH.PP. pour la Paix Generale, Elles demandent, *que S.M.T.C. ne s'oppose en aucune manière a ce que les Garnisons qui se trouvent, ou se trouveront cy après ₃ de la part des Seigneurs Etats dans la Ville, Château, & Forts de Huy, & dans la Citadelle de Liege, y restent, jusqu'à ce qu'on en fait convenu autrement avec l'Empereur & l'Empire.* Et c'est sur ce pied-là, que la Reine d'Angleterre en a parle dans la première ouverture, qu'Elle a faite à son Parlement, pour la Paix Generale.

LL.HH.PP. ne peuvent se flatter d'obtenir sur cet Article le consentement de S.M.I. & de l'Empire: Elles savent avec combien de force les Plenipotentiaires de l'Empereur, des Electeurs, & des autres Princes de l'Empire, qui se sont trouvez au Congrès d'Utrecht, se sont opposez à ce qu'on gardat dans la Principauté de Liege, en tems de paix, des Troupes <16> étrangères comme a une chose directement contraire aux Constitutions de l'Empire, & particulièrement à celle de l'année 1555 confirmée par plusieurs suivantes, & à la

Capitulation, que S.M.I. a faire & confirmée par serment à son Election: Si le Prince Territorial n'y consentira jamais, suivant la Declaration que le Baron Karg de Bebenbourg, son Grand-Chancelier & Ministre d'Etat, en a faite ici.

LL.HH.PP. sur ce point ne peuvent se prévaloir de la cession à Elles faite par S.M.T.C., Sadite Majesté n'avant pû transférer plus de droit qu'Elle n'en avoit, qu'en effet Elle n'en avoir aucun, puisque les Troupes qu'on a reçues dans les Forteresses de l'Electorat de Cologne, & dans celles de la Principauté de Liege, n'y ont été reçues, que comme Troupes auxiliaires, & après avoir prêté serment au Prince, qu'elles y seroient à ses ordres, & qu'elles en sortiroient, quand il lui plairait.

Enfin on pourrait peut-être alléguer quelques raisons de bien-séance, & dire, qu'il convient aux intérêts de LL.HH.PP. d'avoir des Garnisons dans le Païs de Liège. Mais Elles sont trop équitables, pour préférer la simple bienseance à la Justice, d'autant plus, qu'en conservant Garnison perpetuelle dans les Forteresses du Païs de Liege, ce seroit violer les Lois fondamentales del Empire, à quoi S.M.I. & l'Empire ne consentiront jamais les Etats de cet Auguste Corps soyent opprimez par des Puissances Voisines, sous le vain prétexte du droit de bienséance.

1715 Okt 17 Kurfürst Joseph Clemens an die Generalstaaten

Copia-Schreibens So Ihre Churfürstl[iche] Durchl[aucht] an die Herren Staaten Generalen abgelassen sub dato Wasserburg den 17.ten Octob[ris] 1715 [= Lit.C.]

<11>
Unseren etc.

Wir seynd gleich vom Anfang dieses zum End lauffenden Jahrs biß jetzund in täglicher Erwartung gestanden von Ew. Hochmögenheiten die erfreuliche Zeitung zu empfangen daß Sie nach Inhalt des Badischen Friedenschlusses auff so vielfältige im Nahmen der Römischen Kayserlichen Majestät und des gesambten Heiligen Römischen Reichs Ihnen gethane Vorstellungen und das vom Reich endlich gemachte auff dessen Grund-Satzungen und die Gerechtigkeit gegründete auch von Ihro Kayserl. Majest. bestättigte Conclusum, ihre in Unserer Residentz-Statt Bonn wider deren Intention noch ligende Kriegs-Völcker abgeruffen haben würden. Weilen aber solche gegen alle zu Eure Hochmögenheiten von Uns gestelte Freund-Nachbarliche Zuversicht und daß von Ihnen billigst hinwiederumb zu Uns zutragen habende auffrechte Vertrauen bißher zu noch nicht geschehen: Indessen aber Wir Unserer Pflichten halber so viel bey Uns stehet oberwehntes *Conclusum* nicht unvolzogen lassen können: Als ersuchen Wir Ew. Hochmögenheiten hiemit nochmahlen angelegentligst, Sie wollen ihre

Troupen noch vor dem 1ten Novembris von dannen abziehen machen: nach welcher Zeit Wir an unser dem von Coiteres, bey seiner Abreiß in den Haag nur auff etliche Wochen gegebenes Wort nach so langem verdrieß- und vergeblichen Zuwarten nicht mehr gebunden zu seyn; sonderen die jenige Mesures zu nehmen gedencken, welche Wir zur Behaubtung der Kayserl. und Reichs Auctorität auch zu Unserer Landen Vortheil am gedeylichsten erachten werden. Für diese so billige Willfährigkeit werden Eure Hochmögenheiten Wir Unser danckbahres Gemüth durch Heegung einer beständiger vertreulichcr Nachbarschafft und Bezeigung aller Uns möglicher Dienstgefälligkeiten erkennen zu geben nicht ermangelen und verbleiben dabey Euer Hochmögenheiten zu Erweisung beharrlicher guter Freund- Nachbarschafft geflissen etc.

1715 Okt 17 Kurfürst Joseph Clemens an die Generalstaaten

Copie de Lettre écrite par Son Altesse Sérénissime Electorale de Cologne, à Messieurs les Etats Généraux, en date de Wasserburg; du 17. Octobre 1715 [=Lit. D.]

Nous avions toujours espéré depuis le commencement de la présente année qui tire à sa fin, jusqu'à l'heure qu'il est, de recevoir de Vos HH.PP. l'agréable nouvelle, qu'en conformité du Traité de Bade, & en conséquence des fréquentes remontrances de S.M.I. & de celles de tout l'Empire, suivies & soutenuës d'une Conclusion generale de la Diette de

Ratisbonne, <18> approuvées par S.M.I., & fondées sur les
Loix fondamentales de l'Empire, & sur la justice même, Elles
rappelleraient leurs Troupes, qui, contre leur intention occu-
pent encore la Ville de Bonn, lieu de ma Résidence. Ce pendant cela ne s'étant point effectué jusqu'ici, quelque forte
persuasion que Nous eussions conçûë de nôtre côté à cet
égard, & quelque confiance que Vos HH.PP. eussent pû lé-
gitimement prendre en Nous de leur côté & nôtre devoir ne
Nous permettant point de ne pas exécuter, au moins au tant
qu'il depend de Nous, ladite Conclusion de l'Empire: Nous
prions de nouveau Vos HH.PP. très-instamment, de vouloir
bien faire partir de là leurs Troupes, & cela avant le premier
du mois prochain, après lequel terme passe, nôtre intention
est, après avoir été depuis si long-tems dans une attente inutile & fastidieuse à cet égard, de n'être plus engagez à la parole
que Nous avions donnée au Sieur Coëtieres pour quelques
semaines seulement, lors de son départ pour la Haye: mais au
contraire d'embrasser les mesures les plus convenables à
l'autorité de S.M.I. & à celle de l'Empire, & en même tems les
plus conformes à nos propres intérêts, & à ceux de Nos Etats.
Ce plaisir, que Nous seront en cette rencontre Vos HH.PP.,
tout équitable qu'il est en lui-même, Nous engagera à une
parfaite reconnoissance & à leur donner en toutes occasions
des marques les plus solides de nôtre affection, & d'un voisinage sincere, que Nous cultiverons soigneusement avec
Elles.

A Wasserburg le 17. Octobre 1715

1715 Nov 03 Kaiser Karl VI. an den kaiserlichen Botschafter bei den Generalstaaten

Copia-Schreibens Von seiner Käyserl[ichen] Majestät an dero Abgesandten bey denen General Staaten Frey-Herren von Heems die Evacuation der Statt Bonn betreffend. de Dato Wien den 3. Novembris 1715 [= Lit. B.]

<10>

Carl der Sechste.

Wohlgebohrner, Lieber Getreuer. Wir haben aus deinem gehorsambsten Bericht vom 17. jüngst verwichenen Monats Septembris ersehen, daß die General Staaten der vereinigten Niderlanden bey Ihrer vermeynentlichen Befügnuß wegen der Stadt Bonn beharren und von dir deutlicher zu wissen verlangen, was für Expedientia und Vorschläge man thun könnte, umb den Staat in eine völlige Sicherheit zustellen, wann derselbe seine Völcker auß gedachter Vestung ohne auf die fernere dessen Niderreissung zu bestehen ziehen solten. Du hast besagten Staaten von Unseretwegen darauff zu hinterbringen, daß die Sicherheit in dem Baadischen Frieden in unserem Wort und des Reichs Schutz allerdings gnüglich enthalten: Ihre Unternehmung aber auff des Reichs Boden und in dessen Platzen mit ihrer Mannschafft nach willkühr zu beharren auf keine Weise gegründet oder Nachbar- und freundlich sey. Wir und das Reich auch Ihnen solche Dinge in die Länge nicht zugeben könten noch würden.

Dahero Wir Sie nochmahlen gütlich erinnert und ermahnet haben wollen, von solchen Eigenthätigkeiten ohne längeren Verzug von selbsten abzustehen und sich von gemeinschaffts-schädlichen Extremitäten fürdersambst zu befreyen. Wir meyneten es mit Ihnen den General Staaten sonderbar wohl, könten Uns aber Unsers Käyserl. Ambts Obligenheit länger nicht entziehen. Ein gleiches haben Wir durch Unsere Ministros deren bey Unserem Hoff anwesenden Abgesandten zu vernehmen geben lassen etc.

Verbleiben etc.

Friderich Carl Graf von Schönborn[9]

Ad Mandatum S. C. Majestatis proprium

E. F. von Glandorff[10]

---

[9] Friedrich Karl Reichsgraf von Schönborn-Buchheim (* 3. März 1674 in Mainz; † 26. Juli 1746 in Würzburg) war Fürstbischof von Würzburg und Bamberg sowie Reichsvizekanzler.

[10] Offensichtlich ein Registrar, weiter nichts bekannt.

1715 Nov 03 Kaiser Karl VI. an den Botschafter in den Haag

Copie de là Lettre de Sa Majesté Imperiale à son Envoyé Extraordinaire à la Haye, Monsieur le Baron de Heems, au sujet de l'evacuation de la Ville de Bonn, en date du 3. Novembre 1715 [=Lit. C.]

CHARLES VI.[11]

Nous-avons appris par la Lettre, que vous Nous avez écrite en date du 7. Septembre, que lès Etats Généraux des Provinces-Unies persistent dans leur prétention au sujet de la Ville de Bonn, & vous ont demandé des explications plus claires sur les expediens à proposer pour qu'ils trouvent une entière seureté pour leur Etat, en cas qu'ils sistent sortir leurs Troupes de cette Ville-là, sans en faire démolir les fortifications, plus <17> qu'elles ne le sont déjà. Surquoi vous direz de nôtre part ausdits Etats Généraux, que leur seureté est suffisanment établie par le Traité de Bade, par nôtre parole, & par l'assistence & garantie de l'Empire mais que leur entreprise de vouloir avoir de leurs Troupes sur les Terres de l'Empire, & sur tout dans ses Places fortes, sélon leur bon plaisir, n'est nullement fondée, bien au contraire, qu'elle est tout opposée au bon voisinage, & a la sincere amitié & que Nous, aussi-bien que l'Empire, ne voulons, ni ne pouvons leur permettre davantage une semblable conduite. Que c'est pour

---

[11] Karl VI. (* 1. Oktober 1685 in Wien; † 20. Oktober 1740 ebenda) war von 1711 bis 1740 römisch-deutscher Kaiser.

cela, que Nous les faisons souvenir, & les exhortons derechef de desister d'eux-mêmes de ces fortes d'entreprises, sans un plus long delai, pour prévenir des extrémitez, qui à ce défaut en pourroient arriver. Vous y ajouterez, que nôtre intention envers eux est très-bonne, mais que Nous ne pouvons pas Nous dispenser plus long-tems de Nous acquiter en cela de nôtre devoir Imperial. Nous avons fait sçavoir la même chose par nos Ministres à celui des Provinces-Unies Resident à notre Cour.

CHARLES.
Frederic-Charles, Comte de Schönborn. Par ordre de sa Majeste Imperiale.
E. F. Glandorf.

1715 Dez 06 Kurfürst Joseph Clemens an den Generalwachtmeister Kleist

Churfürstl[icher] Befelch An den General-Wachtmeister Frey-Herrn von Kleisten [= Lit. D.]

Ihre Chur-Fürstl. Durchl. zu Cölln haben nichts verabsäumet, seither des jüngst zu Baaden geschlossenen Friedens umb mit den Herren Staaten-Generalen der vereinigten Niederlanden eine verträuliche und vollkommene Freundschafft zu stifften, <12> wie solches die beiderseitige Nachbarschafft und Convenientz unumbgänglich erforderen: Zu

welchem End dieselbe als Sie letztlich zu Pariß gewesen mit
dem daselbst sich befindenden General-Staatlichen Bott-
schaffter sich besprochen und Ihm zu verschiedenen mahlen
gnugsamb zu erkennen gegeben haben, wie auffrichtig Sie
gemeynt waren mit wohlbesagten Herren Staaten-Generalen in einer beständiger Freund- Nachbarlicher Einigkeit je-
derzeit zu leben. Umb Ihre hierinfals führende redliche Ge-
müths-Neigung zu bezeigen, haben Ihre Chur-Fürst.
Durchl., als Sie zu Anfang dieses Jahrs Ihren Einzug in Bonn
gehalten und durch Ihre Leib-Regimenter zu Pferd und
Dragoner hinein begleitet worden, selbige alsobald wiede-
rum heraußrucken lassen in der Hoffnung, daß Sie durch ein
so öffentlich und merckliches Zeichen Ihres zu den Herren
Staaten-Generalen gestellten Vertrauens eine völlige Zu-
fridenheit geben und derer selben Gegen-Freundschafft,
nachdem alle Feindseeligkciten durch den erfolgten Friedens-Schluß aufgehoben worden und in eine ewige Vergessenheit gesetzt werden sollen hinwiderumb erwerben würden: bey welcher Gelegenheit Ihro gar leicht gewesen wäre,
wann Sie gewolt hätten, Dero Stadt Bonn sich zu bemächti-
gen: Dahingegen Ihre Churfürstl. Durchl. Dero Regimenter
selbigen Tag widerum hinauß gehen lassen, Ihre eigene
höchste Persohn und die Stadt der General-Staatischen Besatzung anvertrauet, auch zugelassen haben, umb selbige in
ihren Wachten zu erleichteren, nach dem die Cräyß-
Völcker von dannen außgezogen waren, daß man die Wacht
vor Dero Hoff abgestellt, also daß Sie sich nur mit zwey
Schildwachten vor der Pforten Ihres Pallast befridigt,
obschon es eine unerhörte Sach ist, daß ein Churfürst des

Reichs, der zugleich ein gebohrner Hertzog auß dem Durchleuchtigisten Chur-Hauß Bäyeren ist, in seiner eigener Residentz-Stadt und Schloß ohne förmliche standmässige Wacht sich befinden solle.

Umb auch einiger massen, wiewohlen ohne darzu verbunden zu seyn, die Herren Staaten Generalen der vereinigten Niederlanden zu befriedigen, welche sich jedesmahl wegen der Stadt Bonn auff den Utrechtischen Frieden beruffen, obschon selbiger weder von Ihrer Röm. Käyserl. Maj. und dem Reich noch von Ihrer Churfürstl. Durchl. jemahlen angenomen worden, so haben Sie in dem Stadt-Graben und dem verdeckten Weeg zu Bonn, worvon alle Pallisaden außgerissen worden, Ihren Hoff-Bedienten Oerther außtheilen lassen, umb darinn Garten zu machen, auch eine gantze Courtine, und zwey Seiten einer Bastion abwerffen lassen, dergestalt daß diese Stadt gar kein Ansehen einer Vestung mehr hat und in keinem schlechteren Stand im Fall eines Angriffs seyn könnte, als sie vermahlen ist, es wäre dann, daß man selbe gar zu einem offenem Dorff machen wolle.

Ihre Chur-fürstl. Durchl. seynd auch gezwungen gewesen, solche Sachen vor Ihren Augen von der Holländischen Besatzung zu gedulden die Ihro als einem Bischoffcn unseres Heil. Glaubens halber unerträglich gefallen ohne zu melden die geringe Ehrerbietung, die man für Dero hohe Persohn erwiesen: da man hingegen von Seiten sothaner Besatzung <13> in Gegenwart Ihrer Chur-Fürstl. Durchl. das grobe Geschütz für Deputirte nicht der General-Staaten, sondern von einer Provintz allein der vereinigten Niederlanden loß brennen lassen und denenselben solche Ehren angethan, die bloß den jenigen gebühren, welchen die Stätte von Oberherrlichkeit wegen zustehen.

Man hat so gar für gleich bemelte Deputirte die Trommel gerühret, da Ihre Churfürstl. Durchl., wie man schon gesagt, nit allein in der Stadt sondern so gar Persöhnlich gegenwärtig waren, ohne daß Sie Deputirte deroselben die geringste Höfflichkeit durch Ablegung eines Compliments oder sonst bezeiget haben.

Als etliche Taglöhner an einem Garten so Ihre Churfürstl. Durchl. vor Dero Pallast machen lassen arbeiten wollen, haben einige Holländische Ingenieurs Plöck in selbige Gegend gesetzt, umb zu verhindern, daß gedachte Taglöhner nicht weiter mit ihrer Arbeit fortfahren könten, sagend, daß sie nicht zugeben wollten, daß man sich so starck zu ihren Batterien näherte und haben die Holländische Schildwachten selbst Ihro Churfürstl. Durchl. bekennet dergleichen Befelch bekommen zu haben, obschon der Commandant und andere Officiers solches zu gestehen hernacher nicht für gut befunden haben.

Als auch Ihre Churf. Durchl. jünst nacher Bayern gereist seynd, hat man beym Außzug nicht allein die Stück nicht loßgebrennet, sondern Deroselben auch die geringste Ehren nicht erwiesen, obschon die Officier nicht in Abred stellen können, daß sie nicht zeitlich genug gewust daß Ihre Churf. Durchl. abreisen wollen, massen es jederman in der Stadt gegen 8 und 9 Uhr in der Frühe bekannt gewesen und sie ehender nicht als Nachmittag gegen zwey Uhr zu Schiff gangen seynd. Uneracht alles dessen seynd Ihre Churf. Durchl. dannoch darauff vest bestanden, mit denen Herren

General-Staaten in guter Freundschafft und Einigkeit zu leben, haben auch zu solchem End so wohl im Haag als zu Antwerpen wehrender Zeit, daß man an dem Barriere-Tractat daselbst gearbeitet, durch die Ihrige verschiedentlich Handelen lassen, ohne daß Sie des halben besser wie bewust von denen Herren Staaten-Generalen gehalten worden. Weilen dann Ihre Churfürstl. Durchl. allen disen Verzögerungen und abschlägigen Antworten nicht länger widerstehen noch zusehen können, daß Ihre eigene Trouppen wann sie ferner an dem Orth, wo sie vor der Stadt gelegen stehenbleiben sollten, völlig zu Grund gerichtet werden dörfften, so haben Dieselbe von Wasserburg auß den 17. Octob. an die Herren Staaten Generalen der vereinigten Niederlanden geschrieben, daß es Ihro unmöglich wäre selbige länger ausser der Stadt zu lassen und wann Sie General Staaten die Holländer vor dem 1. Novembris von dannen nicht abruffen würden, daß Ihre Churfürstl. Durchl. sich nicht entübrigen könten, die Ihrige wegen der harter Jahrs-Zeit in die Stadt ziehen zu lassen, worzu sie gnugsam durch das unterm 26. Sept. dieses Jahrs ergangenes Reichs-*Conclusum*, und darauff erfolgtes Käys. *Decretum Commissionis* befugt wären, wie dann auch solches den 16. des nechstverwichenen Monats ohne einige Feindseeligkeit und Unordnung bewerkstelliget worden. Nach disem haben Ihro Churfürstl. Durchl. verhoffet, es würden die Herren Staaten Generalen Ihre Trouppen von dannen abruffen: weilen Sie aber vernehmen, daß selbige nicht außziehen <14> wollen, ja so gar Befelch bekommen haben, noch länger daselbst zu verbleiben, so glauben Ihre Churfürstl. Durchl., daß es den Reichs-Grund-

Satzungen, welche nicht zulassen, daß man in Friedens-Zeiten frembde Trouppen auff dem Reichs-Boden absonderlich in denen Stätten gedülde, nachtheilig auch den gleich obangeführten Käyserl. und Reichs-Schlüssen zuwider gehandelt sey, wann Sie nicht alle mögliche Mittelen anwendeten, umb die Holländische Trouppen ohne Gewaltthätigkeit von dannen abziehen zu lassen: Weshalben Sie dann Krafft dieses Dero Cammerern und General-Wachtmeisteren Frey-Herrn von Kleisten befohlen, darauff bedacht zu seyn und das jenige vorzukehren, was Er am dienlichsten erachten mag, damit sothane Trouppen in der Güte die Statt Bonn vor Dero Ruckkunfft raumen: Zu welchem End er denenselben die nöhtige Schiffe wie auch Lebens-Mittelen an Essen und Trincken verschaffen solle. Wann die General Staatische Besatzung etwa vorwenden würde, daß Sie ohne ihr Geschütz nicht abziehen könne, so wollen Ihre Churfürstl. Durchl. gern gestatten, daß einer von den Holländischen Commissariis, oder wen Sie darzu außsehen, wird zu Bonn mit wenigen aber nicht gewaffneten Leuthen verbleibe, und für gedachtes Geschütz Sorg trage auch darüber ein ordentliches Inventarium verfertige nach welchem Ihro Churfürstl. Durchl. Sich richten können umb zu entscheiden was Ihnen rechtmässig zukomme und was dem Ertz-Stifft zuständig und auch zu verhindern, daß demselben kein Schaden zugefügt werde. Wann jedoch gegen vermuthen der Commendant sich dannoch weigeren sollte, mit den seinigen abzuziehen, so hat der Baron Kleisten sich aller in dergleichen Gelegenheiten üblicher und durch mehrbesagte

Kayserliche und Reichs-Schlüsse zugelassener bescheidener Mittelen zu bedienen umb selbige darzu anzuhalten.

Nachdem die Holländische Trouppen außgezogen seyn werden und daß der Sicherheit der höchster Persohn Ihrer Churfürstl. Durchl. so wohl als der Stadt von Ihm gnugsamb vorgesehen seyn wird durch Stellung gnugsamer Wachten von dem Churfürstl. Leib-Regiment zu Fuß vor den Churf. Fürs. Pallast auff den Stadt-Platz vor den Pforten des Zollhauses und endlich vor der Pforten des Holländischen Magazin, damit demselben kein Schaden zugefügt werde, so kan er Baron von Kleisten, auff daß dem Baadischen Friedens-Schluß die Gnugleistung beschehe, die Wacht der Stadt-Pforten der daselbigen Bürgerschafft überlassen und sich mit dem übrigen Theil der Churfürstl. Trouppen in seine Quartier begeben in der Hoffnung daß die Herren General-Staaten dardurch erkennen werden, daß Ihre Chur.-Fürstl. Durchl. Dero Stadt Bonn nicht mehr für einen Kriegs-Platz; sondern nur für einen nicht bevestigten Orth halten, worin Sie künfftighin beständig in Fried und Ruh zu wohnen gedencken, welches Ihro zuversichtlich niemand mißgönnen wird.

Ihre Churfürstl. Durchl. hoffen auch, daß Sie durch diese Ihre freundliche Bezeigung die Herren Staaten Generalen veranlassen werden, Ihro vermög des Baadischen Friedens und der Reichs-Schlüßen die drey Lüttigsche Plätze imgleichen wieder einzuraumen und alle Exactionen von seiten <15> Ihrer Trouppen in Dero Lüttigischen Landen einstellen zu machen. Geben zu Franckfurt am Mayn den 6. Decembris 1715.

Joseph Clement Chur-Fürst.

1715 Dez 06 Kurfürst Joseph Clemens: Memo

Son Altesse Serenissime Electorale … [06.12.1715, =Lit. E]

… n'a rien neglige depuis la Paix de Baden, pour renouer avec Messieurs les Etats Généraux des Provinces-Unies une parfaite & sincere amitié, telle qu'elle doit être entre des proches Voisins, dont l'intérêt est toujours de vivre en bonne intelligences. Elle s'est adressee pour çela à leur Ambassadeur à la Cour de France dans le dernier Voyage qu'Elle a fait à Paris: lui ayant assez fait connoître à plusieurs reprises par Elle-même, l'intention où Elle étoit de vivre toujours en bonne union avec LL.HH.PP.

Pour leur témoigner par des effets la sincerité de ses intentions & le désir de Paix & d'Union avec lequel Elle revenoit dans ses Etats, Elle renvoya sur le champ son Regiment des Gardes de Cavalerie, & celui des Dragons de sa Garde, qui l'avoient accompagnée dans son entrée a Bonn; esperant que par cette marque publique & éclatante de sa confiance, Messieurs les Etats Généraux seraient contens de sa conduite, & répondraient avec la même honnetete a ce qu' Elle attendoit d'eux.

Pour peu qu'Elle l'eut voulu, il lui aurait été fort facile alors de s'emparer <19> de la Place, mais au contraire

S.A.S.E.[12] a confie sa Personne à la garde des Troupes Hollandaises, qui étoient en Garnison dans Bonn & après la sortie de celle du Cercle, Elle a bien voulu, pour soulager les premiers, & leur causer moins de fatigue, que l'on retirât la Garde qui étoit devant son Palais, ou l'on ne mettoit plus que deux Sentinelles de leurs Troupes: quoi qu'il soit inoüi qu'un Prince de son Rang & de sa Naissance, ait jamais été sans Garde dans sa propre Capitale, & dans son propre Palais.

Pour satisfaire en quelque façon LL.HH.PP. qui reclament toujours le Traite d'Utrecht, quoique ce Traité n'ait jamais été admis, ni par l'Empereur, ni par l'Empire, ni par S.A.S.E., Elle a donné dans les Fossez & dans le Chemin couvert de Bonn, dont les Palissades sont toutes arrachées, des places à toutes les Personnes de sa suite pour y faire des Jardins, & fait demolir toute une Courtine, & les deux flancs d'un Bastion, de telle sorte que cette Place n'a plus ni l'air ni la figure d'une Ville de guerre, & qu'à moins de la réduire en simple Village, elle ne peut être plus ouverte & de moins de deffence. qu'elle est a present.

Elle a été obligée de voir devant ses yeux des choses qu'un Evêque ne peut souffrir, par rapport à la Religion; &tout le monde sçait avec combien peu de respect la Garnison Hollandoise a traite S.A.S.E. en faisant tirer, Elle presente, l'Artillerie de ses Remparts pour des Députez, non des Etats Généraux, mais d'une seule Province, & leur y rendant des honneurs qui ne sont dusqu a ceux à qui les Places appartiennent en toute souveraineté: On a battu aux champs pour eux,

---

[12] = Son Altesse sérénissime electorale = Seine allergnädigste kurfürstliche Hoheit.

même en présence de S.A.S.E., ainsi qu'on vient de le dire; &
Elle n'en a reçu aucun compliment, ni aucune honnëtete.

Quelques ouvriers voulans travailler à un Jardin que
S.A.S.E. fait faire devant son Palais, des Ingenieurs Hollandois ont planté des piquets, pour les empêcher d'aller plus
loin, disant qu'ils ne vouloient pas qu'on avançât si proche de
leurs Batteries & leurs Sentinelles dirent elles-mêmes à
S.A.S.E. que cet ordre leur avoit été consigné; ce que le
Commandant, & les autres Officiers ont pourtant trouvé à
propos de desavoüer par la suite.

Lorsqu'Elle est partie de Bonn, pour aller en Bavière, bien
loin de tirer le Canon on ne lui a pas fait le moindre honneur,
sans que les Officiers Commandans puissent dire qu'ils
n'avoient pas été avertis à tems de son départ puisque tout le
monde le sçavoit dés les huit à neuf heures du matin, &
qu'Elle ne s'est embarquée que vers les deux heures après-
midi.

Persistant toujours, malgré cela, dans LL.HH.PP résolution de bien vivre avec Elle a fait négocier, tant a la Haye,
qu'a Anvers, pendant les Conférences qui s'y sont tenues
pour le Traité de la Barrière, sans qu'Elle en ait ete mieux
traitée, comme chacun sçait

Lassée de tant de longueurs & de refus, & voyant ses
Troupes qui <20> perissoient journellement dans l'endroit où
elles étoient campées, & exposées à toutes les injures du tems,
Elle a écrit de Wasserbourg le 17. Octobre à Messieurs les
Etats Généraux des Provinces-Unies, qu'il lui étoit impos-
sible de les y laisser plus long-tems, & que s'ils ne retiroient
leurs Troupes de Bonn avant le 1. Novembre, Elle ne pourrait se dispenser, vu la rigueur de la raison, d'y faire entrer les

siennes, étant assez autorisée pour cela par les Conclusions de l'Empire en datte du 17. Septembre de l'année courante, lesquelles ont été aprouvées & ratifiées par S.M.I.; ce qui s'est exécuté le 16. du Mois passe sans bruit, & sans désordre, & avec toute la modération dont l'on peut user en semblable rencontre.

Elle se flattoit qu'aprés cela LL.HH.PP. en rapelleroient leurs Troupes; mais comme Elle aprend que celles-cy n'en veulent point sortir, & que même elles ont reçu ordre d'y rester encore, S.A.S.E. croirait préjudicier aux Loix Fondamentales de l'Empire, qui ne permettent pas qu'en tems de Paix des Troupes étrangères demeurent en garnison dans des Places de la dépendance de l'Empire, & aller contre les Conclusions de l'Empereur & de l'Empire, dont on a parlé ci-dessus, si Elle ne cherchoit les moyens de les en faire sortir sans aucune violence: C'est pourquoi Elle ordonne par la presente à son Maréchal de Camp le Baron de Kleist, d'y aviser promptement, & de faire tout ce qu'il conviendra pour les renvoyer chez eux amiablement; leur faisant fournir, aux fraix de S.A.S.E. les Batteaux & les Vivres necessaires, tant pour le boire que le manger. Que s'ils disent qu'ils ne peuvent laisser leur Artillerie, S.A.S.E. veut bien permettre, qu'un de leurs Commissaires, ou telle autre personne qu'ils voudront choisir, demeure à Bonn avec peu de gens non armez, pour en prendre soin, & en faire l'inventaire, selon lequel S.A.S.E. se réglera, pour empêcher qu'il n'y soie fait aucun dommage.

Mais si le Commandant, contre toute attente, refuse encore de sortir, ledit Maréchal de Camp Baron de Kleist se servira alors, pour l'y obliger, des moyens convenables &

permis en semblables occasions tant par les Constitutions de l'Empire, que par les Conclusions cidevant alléguées.

Après la sortie des Troupes Hollandoises, 8c avoir pourvu à la seureté de la propre Personne de S.A.S.E. & à celle de sa Capitale {en laissant la garde de son Palais, celle de la place, celle de la porte de la Douane, & enfin celle du Magazin des Hollandois, pour qu'on ne leur fasse aucun tort, à son Régiment aux Gardes, comme à l'ordinaire} il pourra, pour satisfaire au Traité de Baden, laisser la garde des Portes de la Ville à la Bourgeoisie & se retirer avec le reste des Troupes de S.A.S.E. dans ses Quartiers. <21>

Esperant que par la Messieurs les Etats Généraux des Provinces-Unies connoitront que S.A.S.E. ne regarde plus cette Place, comme une Place de Guerre, mais seulement comme une Ville non fortifiée, où Elle doit faire sa Residence en repos & tranquillité, sans que personne puisse le lui envier.

Elle espere aussi, que par cette moderation Elle obligera LL.HH.PP. a lui restituer, selon qu'il est porte par la Paix de Baden, & par les Reces de l'Empire, les trois Places de sa Principauté de Liege, & a faire cesser toutes exactions de la part de leurs Troupes.

Donne a Francfort sur le Mein le 6. Décembre 1715.
JOSEPH CLEMENT, Electeur.

1715 Dez 11 Die Ankunft des Kurfürsten Joseph Clemens in Bonn

Kurtze Nachricht über den Verlauff dessen, was sich beym Einzug der Chur-Cölnisch und Abzug der General-Staatischen Trouppen allhier in der Churfürstl[ichen] Residentz-Stadt Bonn zugetragen hat, den 11. Decembris 1715 [= Lit. E.]

Als Ihre Churfürstl. Durchl. zu Cölln nach dem Badischen
Frieden in Ihre hiesige Residentz-Stadt glücklich zurück
kommen, haben Sie sich gäntzlich versehen gleichwie Ihre
Käyserl. Maj. dieses Chur-Fürstenthumb und alles was darinn begriffen Ihre völlig eingeraumbt und die ausser ihren
Pflichten unter wehrender Kriegs-Zeit gestandene Leuthe
ohne Außnahm an Ihre Churfürstl. Durchl. wiederumb allergnädigst angewisen: Es würden ebenmässig die Herren
Staaten Generalen Ihre zur Interims-Verwahrung dieser
Stadt neben einigem Cräyß-Volck hier gelegene Trouppen
als deren Ihre Kayserl. Maj. und das Reich von der Zeit des
erfolgten Reichs-Friedens nicht mehr nöthig hatten ab und
in ihr eigenes Land zuruck ruffen zumahlen die Fürsten und
Stände des Löbl. Westphalischen Cräyses, welche zu gleichem End einen Theil von Ihrer Mannschafft hierin gehabt
sich zu deren jedesmaliger Abforderung willig erbotten und
so bald es Ihre Churfürstl. Durchl. von Ihnen verlangt, solche
unverzüglich haben außmarschiren lassen. Es hat aber der
Staat der vereinigten Niederlanden unter Vorschützung des

Utrechtischen von der Röm. Käyserl. Maj. und dem Heil. Rom. Reich, wie auch von Ihro Churfürstl. Durchl. nie erkennten noch angenommenen Friedens alles so wohl von seiten allerhöchst gedachter Kayserl. Majest. als des Römischen Reichs öffters gethanen Erinnerens unerachtet die seinige ehender nicht herauß und zu sich nehmen wollen als biß alle Fortifikationen diser Stadt gäntzlich eingeebnet seyn würden und dahero höchsterwehnte Se. Churfürstl. Durchl. mit jedermans Befrembdung in Ihrer Churfürstl. Wohnung gleichsam verwacht gehalten: Worüber erstbesagte Se. Churfürstl. Durchl. die mehrmalige Andung im Haag thun und Ihre Hochmögenheiten umb fürderliche Abstellung ihres Unfugs belangen lassen: welches nachdem es nichts verfangen sondern Ihre Hochmögenheiten sich nicht geschewet haben im Fall die von der Römisch Kayserl. Majest. und dem Reich improbirte Demolition nicht erfolgte, zu ihrer fürgewendete Sicherheit sich eines beständigen *Iuris praesidii* in dieser auff des Reichs-Boden gelegener Churfürstl. Residentz-Stadt ärgerlich anzumassen und Ihre Churfürstl. Durchl. als ein hohes Mitglid des Reichs länger nicht Nachsehen könen, daß wider dessen Grund-Satzungen und das gemeine Völcker-Recht frembde Trouppen unter oberwehnten Praetext, sich allhier eigenmächtig einnisten und darin nach ihrer Convenientz handeln mögten, haben Sie sich bemüssiget gefunden zur Meinung solches unleidentlichen Nachtheils und umb nit unter der Herren Staaten Generalen Händen und Discretion zu leben, <16> den 16. Novemb. Ihre eigene Trouppen vor Ihrer Zurückkunfft auß Bäyern doch ohne Verübung einiger Feindseeligkeit in

Bonn Posto fassen zu lassen in der Hoffnung, daß nach diesem ersten *Passu*, Ihre Hochmögenheiten ihren Unfug besser begreiffen und von ihrer ungegründeten Praetension allerdings abstehen würden.

Warüber noch ferner Ihrer Kayserl. Majest. dem Staatischen zu Wien Residirenden Extraordinari Abgesandten Herrn von Hammel Brünninx und Ihren Hochmögenheiten selbst durch den Käyserl. Extraordinari Abgesandten Frey-Herrn von Heems im Haag nachtrücklich zu sprechen lassen, der Sach ein End zu machen und die sonst unhindertreibliche Extremitäten zu verhüten, worzu es kommen dörffte, wann Ihre Churfürstl. Durchl. hieher zuruck langen und Ihre Residentz-Stadt nach der Kayserl. und Reichs-Intention, nicht von frembdem Volck frey finden würden. Weilen nun Ihre Churfürstl. Durchl. indessen Dero hieher reiß würcklich angetretten und umb alle Confusion, und weitere Ungebühr bey Ihrer Anherkunfft zu verhüten keine Zeit mit Außschaffung der Frembden Trouppen zu versäumen hatten haben Sie zufolg des jüngst den 26. Septembris zu Regenspurg gemachten und von Ihro Kayserl. Majest. allergnadigst bestattigten Reichs-*Conclusi*, ihnen erstlich den gutwilligen Abzug zumuthen darauff aber der hiesigen Bürgerschafft befehlen lassen Ihnen fürs künfftig die freieren auffzusagen nachdem man vorhero so offt Und vielmahl im Haag vergeblich umb deren Außmarsch angesucht und dem commandirenden General Staatischen Obristen bedeutet, daß vor Ihrer Churfürstl. Durchl. Einzug in Bonn er diese Stadt raumen müste: welches als er für sich selbst nicht thun wollen, sondern bey dem Churfürstl. General-Wachtmeisteren Herrn Baron von Kleisten umb zweymahl vier und zwantzig

Stunden angehalten umb durch einen Expressen seiner hoher Souverainen Befelch zu vernehmen: haben wohlgedachter General-Wachmeister und der Brigadier Herr Baron von Climes sich auff Ihre unveranderliche Ordres bezogen und zu verstehen gegeben, daß sie biß auf den 10. Decemb. zuwarten können, hernach aber die Evacuation der Stadt Bonn, wo Ihr Churfürstl. Durchl. den folgenden Tag unfehlbar sich einfinden würden ins Werck setzen müsten, wornach der Herr Commendant sambt den übrigen Officiren und Gemeinen sich richten mögten. Dieses letzte ist ebenmassig dem General-Staatischen Residenten Herrn von Bilderbeck als er den 10. hier angelangt, auff ein vielfältiges remonstriren glimpfflich vorgestellet und endlich ohne Verübung einiger Hostilität die Sach dahin vermittelt worden, daß die völlige General-Staatische Garnison sich den 11. ejusdem Nachmittag auß der Stadt in die zu ihrer Abführung bestelte Schiff begeben und einige versicherte Leuth zu Verwahrung dessen so zurück geblieben hinterlassen hat. Warauff Ihre Churfürstl. Durchl. noch selbigen Abend unter frolockender Zuruffung und Freuden-Bezeugung aller Inwohner in ihrer Residentz-Stadt eingezogen und vor Ihrer Hoff-Kirch abgestiegen, wo Sie dem zur Danchsagung wegen Ihrer glücklicher Zuruckkunfft gehaltenen *Te Deum* beygewohnt und in der Loreten-Capellen bey dem *Te ergo quaesumus &c.* vor der Bildnuß der Allerseeligsten GOttes Gebährerin die Stadt-Schlüssel selbst auff den Altar mit ausserbäwlicher Andacht hingelegt haben.

1715 Dez 10 Bericht vom Einzug der kurkölnischen und vom Abzug der niederländischen Truppen

Récit succinct de ce qui s'est passe à l'entrée des Troupes Electórales de Cologne, & à la sortie de celles de Messieurs les Etats Généraux dans la Residence Electorale de Bonn [= Lit. F.]

Son Altesse Serenissime Electorale, près la Paix de Baden étant de retour dans sa Ville de Bonn, & pleinement rétablie dans son Electorat & ses dependances, & S.M.I. ayant remis sous la Jurisdiction de S.A.S.E. tous ceux, sans aucune exception qui lui avoient prête serment pendant la guerre, s'attendent que Mrs. les Etats Généraux des Provinces-Unies en rapelleroient sans retardement leurs Troupes, qui conjointement avec quelques Troupes du Cercle de Westphalie avoient la garde provisionelle de ladite Ville de Bonn, comme n'étant plus necessaire au service de l'Empereur & de l'Empire après la Paix conclue; ainsi qu'ont fait les Princes & Etats du même Cercle, qui s'étoient toujours offerts de rappeller leurs Troupes, & qui effectivement à la premiere semonce de S.A.S.E. les ont aussi-tôt retirees mais tant s'en faut que Mrs. les Etats des Provinces-Unies ayent voulu suivre cet exemple, ils ont toujours refuse constamment, malgré tout ce qu'ont pû faire S.M.I. & l'Empire, de retirer leurs Troupes que les Fortifications de ladite Ville ne fussent entièrement rasées, conformément au Traité d'Utrecht, quoique ce Traite n'ait jamais été accepté, ni par S.M.I. & l'Empire, ni par S.A.S.E.: de sorte qu'au grand étonnement d'un <22> chacun Sadite Altesse se trouva, pour ainsi dire, en arrêt dans son propre Palais. Elle en fit faire à LL.HH.PP. de frequentes remontrances, mais ces remontrances n'ayant produit aucun effet, & LL.HH.PP. n'ayant point hesité à déclarer qu'au cas que cette démolition, desaprouvée par l'Empereur & par l'Empire, ne se fit point, elles s'attribueroient pour leur seurete prétendue le Droit d'avoir pour toujours une garnison sur le Territoire de l'Empire, & dans cette Residence Electorale, Monseigneur l'Electeur en qualité d'un des principaux Membres de l'Empire, ne put souffrir plus long-tems que, contre nos Loix fondamentales & contrôle droit des gens, des Troupes étrangères, sous un semblable prétexte, tâchassent de s'y nicher de leur propre authorité, & d'y agir sélon leur propre convenance. C'est pourquoi pour prévenir un préjudice si énorme, & pour ne point être plus long-tems à la discretion de Mrs. les Etats Généraux, Elle fut obligée le 16. de Novembre dernier, de faire prendre poste dans Bonn par ses propres Troupes avant son retour de Baviere; le tout neanmoins sans exercer aucune hostilité, dans l'espérance qu'a près ce premier pas fait, LL.HH.PP. rentreroient en Elles mêmes, de désisteroient de leur prétention mal fondée.

S.M.I. de son côté en avoit fait parler au Sr. de Hamel Bruninx leur Envoyé Extraordinaire à Vienne, & à LL.HH.PP. mêmes par le Baron de Heems son Envoyé Extraordinaire à la Haye, en les exhortant de finir cette affaire pour prévenir des extrémitez inévitables, lorsque S.A.S.E.

seroit de retour, & que sa Residence ne seroit pas encore délivrée de ces Troupes étrangères, conformement aux désirs
de l'Empereur & de l'Empire. Cependant Sadite A.S.E. s'étant
effectivement mise en chemin pour revenir ici, & n'y ayant
plus de tems à perdre pour faire sortir les Troupes étrangères
avant son retour, & pour éviter par la toute confusion, Elle fit
signifier à ces Troupes, en conséquence de la Conclusion de
l'Empire du 26. Septembre, de vouloir sortir de la Residence
de bonne grâce, & Elle ordonna en même tems à la Bourgeoisie de leur refuser les logemens, après tant de démarchés
faites inutilement a la Haye pour leur départ, & au Colonel
Commandant ces Troupes de Mrs. les Etats Généraux, qu'il
eût à sortir de la Ville de Bonn, avant le retour de S.A.S.E.,
comme cet Officier ne pût ou ne voulut point faire la chose,
& qu'il demanda un delai de deux fois 24 heures pour pouvoir
en donner avis à ses Souverains, & en recevoir les ordres, mais
Mr. le Baron de Kleisten Maréchal de Camp, & le Baron de
Glimes Brigadier de Sadite A.S.E. insistant sur leurs ordres
exprès, lui firent entendre, qu'ils ne pouvoient tarder davantage à les mettre en execution que jusqu'au 10. Décembre,
après lequel tems Sadite A.S.E. <23> faisant état de se rendre
ici le lendemain, ils seroient obligez d'obéïr, & que ledit
Commandant & toute sa garnison dévoient prendre leurs
mesures là-dessus ce qui fut aussi déclaré au Sieur de Bilderbeck Resident de Mrs. les Etats Généraux, lorsqu'il arriva ici
le 10. Décembre ; de forte qu'à la fin l'affaire fut ménagée
d'une maniéré, que sans aucune hostilité, toute la garnison
Hollandoise sortit de la Ville l'onzième dudit mois & fut embarquée sur les batteaux qui avoient été pré parez pour ce

sujet, à la reserve de quelques personnes qui demeurèrent dans la Ville pour prendre soin des effets qui n'avoient pû être transportez. Ce meme jour vers le soir Sadite A.S.E. arriva dans sa Residence, à la grande joye, & à la grande consolation de tous ses Sujets.

1715 Dez 17 Die Generalstaaten an Kurfürst Joseph Clemens

Copia-Schreibens An Ihre Chur-Fürstl[liche] Durchl[aucht] zu Cölln etc. [= Lit. A.]

Abgelassen von den Herren Staaten Generalen der vereinigten Niederlanden de dato Haag den 17. Decembris 1715.
<8>
Hochwürdigst- und Durchlauchtigster Chur-Fürst und HERR.

Wir haben zu Unserem Leydwesen vernommen auff was wer Weise Unser in Bonn gestandenes Regiment auß Befelch Euer Churfürstl. Durchl. darauß getrieben worden sey; und obschon Uns die vorherige Hineinwerffung Ihrer eigener Trouppen in eben diese Stadt sehr befremdet: so ist Uns doch die Außschaffung der Unserigen weit empfindlicher gefallen sowohl wegen der dabey gebrauchten violenten Weiß; als daß sie zu solcher Zeit geschehen, da Wir mit der Römischen Kayserl. Majest. in würcklicher Handlung begriffen waren umb schiedliche Mittelen zu finden, wordurch Uns eine aequivalente Sicherheit an statt der Demolition der Vestungs-Werckeren zu Bonn sollte verschafft werden; und da Euer Churfürstl. Durchl. uns neue Versprechungen Ihrer

Freundschafft gegeben haben. Wir halten es für ohnnötig das Recht nochmahlen vorzustellen so Wir durch die mit Dero Domb-Capitul getroffene Convention, und vermög des zu Utrecht geschlossenen Friedens überkommen haben, unsere Besatzung ungehindert in Bonn zu halten so lang die Vestungs-Wercker daselbst nicht geschleifft seyn würden: und scheinen es Euer Churfürstl. Durchl. selbst erkennt zu haben, indeme Sie bey dem Königl. Frantzös. Hoff und allhier glauben machen wollen, daß Sie gedachten Friedens-Schluß durch Umbwerffung einiger Brustwehren und durch Anlegung eines Dams durch den Graben gnug gethan hatten: wiewohlen Sie ein gantz anderes Absehen dabey gehabt haben und diese Arbeit allein zu einem Mittel gedient hat, unsere Garnison zu überfallen und Euer Churfürstl. Durchl. Trouppen in den Platz auch mit kündbarer Umbstossung der Rastatt- und Baadischen Tractaten hinein zu bringen. Nachdem wir nun nicht vergessen haben, was für Schaden und Nachtheil von einiger Zeit her so wohl dem Reich als Unserem Staat zugefügt worden, daß Bonn dreymahl in die Hände des gemeinen Feinds vom Reich und unserem Staat gerathen, so wird niemand in der Welt uns verüblen können, daß Wir Uns dergestalt vorzusehen gesucht haben, damit Wir nicht für das viertemahl in selbe Ungelegenheit verfallen mögen: wohin Wir einig abgezihlt als Wir in dem Utrechtischen Friedens-Tractat, Krafft Unseres erworbenen Rechts die Schleiffung dieser Vestung bedungen haben. Und wie Wir hernach verspührt, daß Euer Churfürstl. Durchl. sothane Demolition <9> einiger Massen zuwider gewesen, so haben wir auß deferentz Uns in Handlung einlassen wollen, umb uns über ein Temperament zu vergleichen.

Worgegen Wir nun wider alle Zuversicht wahrnehmen, daß
diese unsere Nachgebung so übel durch das Uns und Unseren Trouppen beschehenes gantz unverdientes Tractament
belohnet werde, und können Euer Churfürstl. Durchl. nicht
bergen, daß, nach so vielen von Ihrentwegen uns gethanen
Protestationen von guter Freundschafft und Zuneigung Wir
dieses niemahlen erwartet; sondern vilmehr hoffen dörffen,
daß die Erinnerung dessen, so wir vor disem zu Euer Chur-
Fürstl. Durchl. Wahl in Cölln beygetragen und die Erkant-
nus, die Sie uns dieserthalben zu haben öffters bezeugen lassen, Sie abgehalten haben würde, unsere Garnison mit so
grosser Praecipitantz und auf eine so gewaltthatige Weiß
durch Schlagen und Stossen ohne demselben Zeit zu gestatten unserem Befelch abwarten zu können auß Bonn weg zu
schaffen und sich unseres Magazins zu bemeisteren ohne solches und was uns sonst zugehöret unseren abziehenden
Trouppen abfolgen zu lassen und alles dieses ohne einige
Notwendigkeit weilen die Zahl gedachter unserer Trouppen
so gering und in Vergleichung Euer Churfürstl. Durchl. Militz in keinem Stand gewesen den wenigsten Nachtheil zu
verursachen. Uns seynd die Resolutiones Ihrer Käyserl. Majest. und des Reichs über die Sach nicht unbewust und so sehr
Euer Churfürstl. Durchl. sich auch darauff beruffen, so haben
wir dannoch eine so gute Meynung von der Aequanimität
Ihr. Kayserl. Maj. und des Reichs, daß wir Uns versichert
halten, Sie werden so wenig als alle unpartheyische Leuthe
dise Übereilung und von Euer Churfürstl. Durchl. verübtes
hartes Verfahren gutheissen. Wir müssen hier beyfügen, daß
Wir über die Schmach, so Uns dardurch angethan worden,
auffs äusserste entrüstet seynd und können demnach nicht

unterlassen unsere Empfindlichkeit deß halben zu erkennen
zu geben: zu welchem End wir Euer Churfürstl. Durchl. Residenten Magis bedeuten lassen, innerhalb 24 Stunden auß
dem Haag und in der Zeit von dreymal 24 Stunden auß diesem Staat sich zu begeben. Wir verlangen ferners und erwarten auch von Euer Churfürstl. Durchl. über das vergangene
eine solche Reparation, die dem Unrecht und der Beschimpffung, so unserem Staat widerfahren, gleich seyn
möge bey deren Entstehung wir protestiren, daß wir über
alle unbeliebige Dinge die darauß erfolgen dörffen, keine
Verantwortung haben wollen wormit endigende

Hochwürdigist Durchleuchtigster Churfürst und Herr
bitten wir Gott den Allmächtigen, Er wolle Euer Churfürstl.
Durchl. in seiner Beschirmung erhalten.

Euer Churfürstl. Durchl.

Dienstwilligste gute Freunde und Nachbahren.

Die Staaten Generalen der vereinigten Niederlanden.

V[idi]t Burmannia
Durch Ordonantz derselben.
F. Fagel[13].

---

[13] François Fagel (1659–1746), Sekretär der niederländischen Generalstaaten.

1715 Dez 17 Die Generalstaaten an Kurfürst Joseph Clemens

Copie de la Lettre de Mrs. les Etats Généraux des Provinces-Unies des Pays-Bas, à Son Altesse Sérénissime Electorale de Cologne [La Haye, 17.12.1715, = Lit. A.]

<11>

C'est avec bien du déplaisir, que Nous avons apris de quelle maniéré le Regiment que Nous avions à Bonn, en a este chasse par ordre de V.A.S.E.[14] Nous avions déjà esté surpris, quand Elle y avoit fait entrer ses Troupes: mais nôtre étonnement a été encore bien plus grand, quand Nous avons entendu avec quelle violence V.A.S.E. a jugé à propos d'en faire sortir notre Regiment. Il ne doit pas être difficile à V.A.S.E. de juger de notre sensibilité à cet égard, puisque la chose s'est faite au moment que Nous étions actuellement occupez avec S.M.I. pour trouver des moyens convenables à Nous procurer une seureté proportionnée à celle que Nous devions trouver dans la démolition des Fortifications de Bonn, & lors même que Nous avions reçu de V.A.S.E. de nouvelles assurances de son amitié. Nous croyons inutile de representer ici de nouveau le droit que Nous avions acquis par nos conventions avec le Chapitre de vôtre Eglise Métropolitaine, & par le Traite à Utrecht[15], de tenir nôtre garnison

---

[14] = Votre Altesse sérénissime electorale = Eure allergnädigste kurfürstliche Hoheit.

[15] Siehe Anmerkung 21.

dans Bonn, jusqu'à ce que les ouvrages en fussent démolis. Il paraît même, que V.A.S.E. étoit persuadée Elle-même d'avoir les mains liées à cet égard, puisqu'Elle avoir fait entendre tant à la Cour de France, qu'ici, que c'étoit pour satisfaire audit Traité de Paix, qu'Elle avoit renverse quelques chemins couverts, & fait combler un endroit du fossé, pour servir de chaussée; ce qui cependant n'a été fait que pour pouvoir surprendre plus facilement nôtre garnison, & pour y faire entrer ses propres Troupes, contre la teneur expresse des Traitez de Rastat et de Bade. Comme Nous n'avons pas oublié les maux que cette Place Nous a toujours causez, & à l'Empire même, étant tombée déja trois fois entre les mains de l'Ennemi commun de l'Empire, & de nôtre Etat; personne aussi ne pourra trouver etrange, que Nous ayons cherché à nous précautionner, pour que cette Place n'y retombe pas une quatrième fois. Ce n'est aussi que dans cette vue, qu'en Nous prévalant de nôtre droit acquis, Nous avons stipulé en termes exprès la démolition de cette Place; & comme Nous Nous sommes aperçus, que V.A.S.E. avoit de la peine à donner la main a cette démolition, Nous avons bien voulu, par considération pour Elle, entrer en négociation pour convenir de quelque temperament à cet égard. <12>

Nous voyons à présent, contre toute attente, que nôtre modération a été mal recompensée par le mauvais traitement, que Nous avons reçu Nous mêmes par rapport à nos Troupes. Aussi Nous ne pouvons celer à V.A.S.E. qu'après toutes les assurances, qu'Elle Nous avoit données d'une bonne amitié, Nous ne Nous y attendions pas: au contraire Nous avions lieu d'espérer que le souvenir de ce que Nous avons contribué autre fois à l'Election de V.A.S.E. & les

marques de sa reconnoissance, qu'Elle Nous en a souvent
données, l'auroient détournée de la manière précipitée & vio-
lente, avec laquelle nôtre garnison, en la frappant & poussant,
a été expulsée, sans lui donner le tems d'attendre nos ordres,
en se saisissant même de nôtre magazin, sans permettre à nos
Troupes de le transporter, aussi-bien que le reste des choses
qui Nous appartiennent: le tout sans aucune nécessité, le
nombre de nos Troupes, par comparaison à celles de V.A.S.E.
ayant été si médiocre, qu'il ne pouvoit tirer à aucune conséquence. Nous n'ignorons pas les résolutions de S.M.I. & de
l'Empire, sur lesquelles V.A.S.E. s'appuye: mais Nous
sommes si persuadez de l'équité de S.M.I. & de l'Empire,
qu'ils n'approuveront jamais le procédé dur & précipité de
V.A.S.E. à cet égard. Nous sommes obligez d'ajoûter ici, que
Nous ressentons vivement l'injure qui Nous a été faite en
cette rencontre; & pour en donner une marque éclatante,
Nous avons ordonné au Sieur Magis, Résident de V.A.S.E.,
de sortir de la Haye dans 24. heures, & dans trois fois 24.
heures de tout nôtre Etat. De plus, Nous demandons & at-
tendons de V.A.S.E. une réparation proportionnée à l'affront
que nôtre Etat en a reçu: faute de quoi Nous protestons que
Nous ne prétendons pas être responsables des mauvaises
suites qui en pourront résulter: & celle-ci n'étant écrite à
autre fin, Nous prions Dieu Tout-Puissant, qu'il ait V.A.S.E.
en sa sainte & digne garde.

A la Haye le 17. Décembre 1715

1715 Dez 19 Bericht des Kurfürsten Joseph Clemens über die Vertreibung der Holländer aus Bonn am 11. Dezember 1715 an seinen Neffen, den bayerischen Kurprinzen Karl Albert (nachmals Kaiser Karl VII.) [16]

Durchleichtigister Chur Prinz, freuntlich geliebster Herr Vetter!

Von Euer Liebden brieff zu erhalten, ist allezeit mir eine Freidt und gnadt, aber solche zu bekomen, welche mit so vüll Verstandt als Güette geschriben – gleichwie Euer Liebden letzter vom 30. passato ware – das ist, neben der ohnmenschlichcn Freidt, auch eine aller Admiration würdige sach, dahero nicht genueg wort zu fünden weis, Euer Liebden davor meine öffentliche Dankhbarkeit zu erweisen. Wintsche allso, das, was schwache wort nicht vermögen zu exprimiren, die Werckh darthun mögen, dan Euer Liebden ohne deme bekandt, das der erliche Hans ein schlechter complimentist ist, sondern gladt und

---

[16] Fundstelle: AHVN 39, 1883 S. 163 ff; „mitgetheilt von Professor Dr. K. Th. Heigel".

gerecht sein sach mehr erweiset als vorzutragcn weis. Dahero
wollen Euer Liebden auch mir nicht ibl nehmen, das ich von
allen complimenten absehe und allein mich umb Euer Liebden
wollstandt erkundige und wie die Reise nacher Insprugg abgeloffen sein würdt noch zu fragen. Mir zweiflet ganz nicht, Euer
Liebden werden von dem lieben Erzbischoff von Saltzburg so
vergniegt als ich abgereiset sein, ob zwahr die separation von
dero Herrn Bruedern alda ihme würdt dise Vergniegung in Etwas verbittert <165> haben. Ich kunte dises nach mir selbst mes-
sen, weis, was es mich gekostet, von Euer Liebden und dero
geschwistern mich zu separiren. Indessen umb Eur Liebden von
meiner Reis ein kurze Relation abzustatten, so berichte ich ihme
freunt vätterlich, das ich den 4. dieses [Dezembers 1715] mich
zu Wertheim auff dem Mein einbarquirt habe und bin glikhlich
zu Mainz den 7. Ahnkomen, wo den 8. geblieben und von seiner Liebden dem Herrn Churfürsten zu Mainz ohngemeine
Ehrenbezeigungen empfangen. Den 9. bin ich von Mainz wider abgefahren, aber einen groben sturmbwindt außgestandcn,
das all mein flotta zerstreuet worden und ich nicht weittcr als 4
stundt komen, das ist bis Geisingen, worüber der Churfürst
recht vor mich inquiet worden, müssen er von seinem Fenster
den sturmb unsrer flotta gesehen und mich suchen lassen durch
einen Cou-rier, wo ich hin tomen bin. Der Gräfin von Arco
schiff hat das Tach vom wint verlohren. Den 10. seindt wür
aber glickhlicher gewesen und bis Poppart komen, und den 11.
hierher umb 6 Uhr Abents, wo ahn einen selben Tag ich die

Herren Holländer entlich dccampiren machen, welches ganz fridtsamb abgeloffen, dan nachdem ich aus Mainz dem Comendanten der Holländer positive geschribeu, abzuziehen und mit disen kurtzcn Worten blatt meinen Wüllen zu erkennen geben, *Monsieur, prenez votre party, pour que je puisse prendre le mien,* auch ihnen die in Trukh beykomentc ordre, so ich dem Baron Gleis gegeben[17], communicirn lassen, so hat solcher anstandt begert, seine Herrn Principaln darüber zu vernemmen. Ich habe ihm nicht mehr Zeit gelassen als bis den 11. Mittag. Er hat auch Antwort bekomen, wodurch wider die General Staaten die sach in Verzögerung bringen wollen und nach Wien ziehen, dises aber ohnnettig befunden, zuzugeben nach einer so positiven ordre Ihrer Kayserlichen Mayestaet des Kaisers ahn Baron de Hembs underm 3. novembris, und hat das *Naus, Naus, Naus* muessen hervorgezogen werden. Der holländische Comandant M[onsieur] Burmania hat noch umb 10 Uhr in der Frühe gesagt zu meinem Obrist Kanzlern Baron von Karg, das anderster als Todter man ihne nicht aus diser statt bringen würdt, allein umb 11 Uhr hat er die sach schon was wollfeiliger geben, dan sobalt er obemelte dcclaration gethan, hat <166> der Gleis den Obrist

---

[17] »Der an den Generalwachtmeister Freiherrn von Kleist erlassene Befehl d.d. „Franckfurt am Mayn den 6. Dcecmbris 1715" wurde als Flugblatt (4 S. gr. 8°) gedruckt und wahrscheinlich an die Beamten des Kölner Erzstifts versandt. Ein Exemplar davon, das sich bei den Akten der kurfürstlichen Kellnerei zu Rheinberg vorfand, besitzt Herr R. Pick. Das Blatt ist für die Lokalgeschichte Bonn's von besonderm Interesse, da es das Benehmen der holländischen Besatzung daselbst gegen den Kurfürsten seit dessen Rückkehr im Februar 1715 ziemlich ausführlich schildert. Anm. d. Red. [AHVN]«

Graf Berloo mit 6 compagnicn geradt auff die casarmen ahn machiren machen von meinem Leibrcgiment zu Fues mit der Bajonet in der Flinten, der Baron Glimes mit meiner Garde zu pferdt hat rechter Seits die Casarmen eingeschlosscn und der Baron de Seell mit meinem grienen Dragonerregiment zu Fues linckher Handt, und in diser disposition hat obemeltcr Graf Berloo die Holländer gefragt, ob sye ordre bekomcn haben außzuzichcn von ihren officieren, welche gesagt haben von *Nein,* darauff dan der Graf Berloo replicirtc, so gibe ich dan Euch solche: *allons, Naus, Naus, Naus,* auff welche wort gleich die Hollender ihr Bagage genomen und mit umbgekerten Flinten zu 20, 10, 5, 3, 2, ja auch einschichtig ohne ordre zum Thor hinausgezogen ohne officier, welche sich von sich selbst verlohren, dergestalt, das sye ihre Fahnen sogar imb stich gelassen haben, welche der Baron Gleis mit gewalt 10 hinterblibnen soltaten von ihnen hat machen mitnemen. Man hat aber ihnen nicht die geringste Insulte ahngethan, noch selbe sich imb geringsten gewehrt, ausgenomcn ein zorniges beses Weib hat ein s. v. wol geladenes Nachtgeschirr einem meiner Hattschier über den kopf abgeschittct, so der einzige bleßirte von diser action ist, doch Habens in Casarmen lundten hin und wider gelegt, umb selbe sambt denen Magazinen zu sprengen, allein man hat es zeitlich noch entdeckht, das also kein weitterer schaden erfolget. Ich habe dise ahngenehme Zeitung durch den Grafen Orgcnteo bey Erpel auff dem Rein 2 — 3 stundt oberhalb hier vernomen und weillen gutten wündt gehabt, bin ich 2 stundt darnach hier ohnverwert ahnkomen, habe aber kein kleine gefahr ausgestanden, massen bey der nacht mein schiff durch ibersehen der schiffleith allzu hoh ahngelendct ewcn ahn dem Orth, wo die völlige holländische garnison in 3 schiffen in 400 Mann bestehendt gantz armirtcr noch ahmb gestatt lagen, weillen bey der Nacht selbe nicht abfahren kundten, welchen frei nun stundte, mich todt zu schiessen oder meines schiffs sich zu bemechtigen und mich in Hollandt mit ihnen zu führen. Ich habe aber *à mauvais jeu bonne mine* gemacht und mich ganz ruhig gezeigt, auch dapfcr meine 10 stuckhlin, so ich auff meinem schiff hatte, knallen und Trompeten und Paukhcn erschallen lassen, umb meine in der statt ligendtc leith meiner ahnkunfft zu vernachrichtcn. Indessen biß die Thor geöffnet, meine leith zu mir komen und ich mich von disem holländischen schiff los machen kundte, verlieffe wohl eine gutte halbe stundt, under welcher Zeit sicher keiner von uns ein guttes blutt machete. Gott hat diese leith verblendet, welche auch meistens sternvoll waren und keine officicr bey ihnen hatten. *Basta, l'habiamo scappata bella!* Sobald aber dises vorüber, habe ich mich <167> vom schiff ohne Ceremoni in meinem blauen Tragsessel ganz still nach hoff tragen lassen, ob zwahr meine trouppen und das Volckh mich mit großem geschrei accompagniret. Aldort habe ich in der Loreto Capeln das *Te Deum* wegen meiner glikhlichen zurückhkonfft intonirn lassen durch ein Hof Caplan und under dem Vers *Te ergo quaesumus* habe ich die stattschlissel auff den altar gelegt und hiemit selbe der allerseeligstcn Muetter

Gottes Schutz und schirmb underworffcn, womit alles beschlossen worden. Ich bitte Euer Liebden so güettig zu sein und aus diesem schreiben eine relation herauziehen zu lassen, welche selbe nicht allein meiner schwestcr communiciren können, sondern auch denen curioscn Italianern außzugeben, sye ist wahrhafft und simpel gcschriben, dahero mir lieb sein würdt, wan selbe auskomet, dan sonst tausendt falsche vortringen werden. Nun bin ich gewertig zu verneinen, was weittcrs die Holländer vornemen werden. Ich indessen bin hier nun in aller Ruhe beschäfftigt, das ahnnahendte heyllige Cristfcst solemniter zu cele-briren, zu welchem die Freiheit nim, Euer Liebdcn allen göttlichen seegen sambt dem darauf folgendtcn Neuen Jahr freunt vätterlich ahnzuwintschen und selbe zu bitten, mir ferners Dero schätzbahriste Freindschafft zu continuiren und jenen nie zu vergessen, der mit ohnentlicher wahrer und ohnverfälschter freunt vättcrlichcr Liebe und Freindtschafft bis in Todt verharren würdt,

Euer Liebden
Dienstwilliger treuer Vetter Joseph Clement, Churfürst.
Bonn, den 19. decembris 1715.

P. S. So ich darff bitten, dem Grafen von Wels von mir ein complimcnt zu sagen, werden Euer Liebdcn mir es hoffentlich nicht veribeln. Ich bin auch inquiet, ob der Misandropp

Monsieur Spreti mein Conduitte aprobircn oder desaprobircn würdt.

1715 Dez 30 Antwort des Kurfürsten Joseph Clemens an die Generalstaaten

Antwort Ihrer Churfürstl[iche] Durchl[aucht] zu Cöln [et]c. auf das an Sie von den Herren Staaten Generalen, wegen Außschaffung ihrer Trouppen auß Bonn, sub dato 17. Decembris eingelangte Schreiben. Bonn den 30. Decembris 1715.

Unseren freundlichen Gruß und wohl-geneigten Willen zuvor: Hochmögende Herren, besonders liebe Freund und Nachbaren.

Wir haben Euer Hochmögenheiten underm 17. dieses an Uns erlassenes Schreiben {Lit. A.} vor etlichen Tagen empfangen, und darauß vernommen, was Sie wegen des vorgangenen abzugs Ihres in hiesiger Unserer Churfürstl[iche] Residentz-Statt von einigen Jahren her zur Interims-Verwahrung gelegenen Regiments an Uns gelangen lassen wollen. Wie Wir nun in der zuverlässiger Meynung gewesen daß Unsere seither dem letzten von GOtt verliehenen Frieden E-weren Hochmögenheiten gleich Sie selbst beliebig melden gethane mehrmalige Versicherungen von Unserer denselben zutragender auffrechter Freund und Nachbarschafft einen gewünschten Eingang würden gesunden und behalten; auch Euere Hochmögenheiten zur gleichmäßiger willfahriger Gegenbezeigung veranlasset haben: Also kommet Uns in Warheit frembd vor, daß nachdeme durch jetzt angezogenen Friedens-Schluß alles Mißtrauen auffgehoben auch zwischen sämbtlichen hohen Paciscenten ein bestand und auffrichtiges gutes Vernehmen gestifftet worden. Euere Hochmögenheiten jedoch solches Uns völlig entziehen und so gar unter dem Fürwand ihrer Sicherheit Unsere Residentz mit ihren besoldeten Leuthen besetzt und Uns gleich samb in Verhasst halten wollen: Obschon Wir Uns öffters erkläret, daß neben der bey Unserer vorjähriger Widerkunfft bereits in gröstem Abgang gefundener *Contrescarpe,* Wir alle übrige Aussenwercker wir Ihrer Kayserl[iche] Majest[ät] und des Reichs Genehmhaltung nider zulegen und zu schleiffen gesonnen waren, wann nur das *Corps de la Place* also verschlossen bleiben mögte, daß Unsere eigne Persohn <2> Hoffstatt und gesambte Inwohnere dieser[18] Stadt ruhig und von allem schädlichen Überfall frey leben tönten.

Worgegen Euer Hochmögenheiten der zwischen der Cron Franckreich und Ihnen zu Utrecht getroffene und von ihnen angeführte Fried nicht zu statten kommt als welcher weder von Ihr. Kayserl. Majestät und dem heiligen Römischen Reich noch von Uns jemahlen angenommen; sondern vilmehr dargegen austrücklich protestirt, auch von der verstorbener Königin in Engelland ein mehrere nicht darbey

---

[18] Das letzte Wort ist wegen eines Schadens in der Vorlage unsicher.

als die Anwendung Ihres Fleisses versprochen worden ist Ihr Kayserl. Maj. und das Reich zu dessen Miteingehung in Sachen, die das gesambte Reich oder dessen absonderliche Glieder betreffen zu bewegen: gleich dann ebenmässig der abgeleibte Aller-Christlichste König seinerseits nichts weiters zugesagt dann daran zu seyn und so vil in Ihm war vermuteten zu helffen daß Wir in die in Vorschlag gebrachte Uns und Unsere Landen berührende können einwilligen möchten.

Indeme aber dise Einwilligung nicht erfolgt ist Euere Hoch Mögenheiten auch von der nach der letzten Belagerung Unserer Residentz Stadt Bonn und zur Zeit unserer Abwesenheit Unserem Thumb Capitul abgenöthigter und niemahlen von Ihrer Kayserl. Maj. dem Reich und Uns Gutgeheischener Convention bald darauff freywillig abgewichen und auf die völlige Herstellung hiesigen Vestung-Baws eyfrigst angetrungen solches auch mit vilen Kösten zu mercklicher Beschwerung Unserer erschöpften Landen bewerckstelliget werden müssen: dahero wird es Euren Hochmögenheiten so wol als allen unpraeoccuppirten nit schwer fallen zu ermessen, daß Ihnen durch obangemerckten Utrechtischen Frieden so wenig als durch die oberwehnter Massen von Unserm Thumb-Capitul auß lauterem Zwang getroffene und von Eueren Hochmögenheiten selbst etliche Monaten hernach widerruffene Convention, einiger Schatten des von ihnen vorgeschutzten Rechts anerwachsen sey: wie Wir dann auch Unserseits darbey die geringste Verbindlichkeit auß jetzt angezogenen wahren Ursachen und daheneben umb deswillen nicht erkennen, daß von mehr allerhöchst gedachter Ihrer Kayserl. Maj. und dem Reich Euren Hochmögenheiten mehr nicht als die Interims-Besorgung der Stadt Bonn wider alle Feinds-Gefahr biß auf erfolgenden Frieden anvertraut und nach dem Baadischen Tractat Ihren zu Wien und Regenspurg stehenden Ministris, *nomine Caesaris & Imperij*, angedeutet worden, daß Ihre und die von dem Westphälischen Cräyß ihnen zu gleichem End beygeordnete Trouppen nicht mehr nöthig wären noch die erste *salvis Imperij Constitutionibus*, in mehr-gemelter <3> Unserer Churfürstl. Residentz-Stadt Bonn langer verbleiben könnten: welches nicht minder durch den Kayserl. Plenipotentiarium Grafen von Königseeg zu Antwerpen dasigen Euer Hochmögenheiten Gevollmächtigten und Eueren Hochmögenheiten selbst durch den Kayserl. Envoye Extraordinaire Frey-Herren von Heems öffters nachtrüchlich angezeigt und zufolge dessen von Unsertwegen im Haag inständig begehrt worden ist, daß Eure Hochmögenheiten Eingangs erwehntes Dero Regiment vermahlen eins auß Bonn abzuruffen geruhen mögten, gleich wie die von dem Westfälischen Cräyß auf Unser erstes Gesinnen im Vorsommer bereits sich darauß willigst begeben haben.

Indeme nun alle solche Erinner- und Vorstellungen vergeblich gewesen ist Uns obgelegen Ihrer Kayserl. Maj. die von Eueren Hochmögenheiten wider alles Recht und zu des Reichs-Beschimpffung continuirte Verzögerung gebührend zu hinderbringen welche solcher nach so geraumer Zeit länger nit zu sehen; doch zum Überfluß durch den zu Wien residirenden General-Staatlichen Extraordinari Abgesandten so wohl als durch ihren eigenen im Haag Eueren

Hochmögenheiten die unverweilte Abrüstung ihres Regiments auß Bonn noch einmahl zumuthen und Sie mit allem Nachtruck {Lit. B.} belangen lassen, in dieser Sach ohne weitern Anstand und Außflucht ein End zu machen, damit die Extremitäten verhütet werden und Wir bey Unserer Zuruckkunfft von München Unsere Residentz-Stadt von außwertigem Volck allerdings frey und ledig finden mögten. Ueber dieses haben wir Euere Hochmögenheiten unterm 17. Oct. auß Wasserburg {Lit. C.} selbst nochmalen angelegentlichst ersucht, umb Dero in Bonn ligendes Regiment noch vor dem ersten Novemb. abzuforderen; oder aber uns nicht ungleich außzudeuten, daß Wir nach Anleitung der heylsamen Reichs-Grund-Satzungen und des zu Regenspurg Unterm 26. Septembris jüngst gemachten und von Ihrer Kayserl. Majest. bestattigten Reichs-Schlusses die Uns anständ- und nöthige Mesures fassen würden: wornach Wir doch biß auf den 16. Novemb. {Lit. D.} zu gewartet und erst am selbigen Tag in der Frühe ohne Verübung einiger Gewaltthat mit guter Ordnung nicht wie Euere Hochmögenheiten ungleich berichtet seynd durch die jüngst von Uns verordnete Öffnung einiger Außenwercker, sondern über die Brücken durch die Stocken-Pforten einige Mannschafft von der Unserigen einrucken und durch sie die Stadt-Thoren und andere fürnehmste Posten besetzen, auch endlich da solches alles nichts verfangen zur Pflicht schuldigste Behauptung Ihrer Käyserl. Maj. allerhöchster Auctorität und Glori, wie auch zur Handhabung der gerechtsamen des Heil. <4> Röm. Reichs, und Unserer eigener Landsfürstl. von Eueren Hochmögenheiten undependirenden Praerogativen

und Regalien den 11. dises zu End eilenden Monats Decemb.
mehrbesagtes Regiment Euerer Hochmögenheiten etliche
Stund vor Unserer Anherkunfft {Lit. E.} mit bester Manier
außziehen machen und ihme allen dienstlichen Vorschub zu
dessen schleunigen Abzug ertheilen lassen.

Von einigen vorgangenen Stöß und Schlägen aber ist
Uns nichts vorkommen außerhalb daß ein General-Staati-
scher Officier mit seinem Knecht gegen den Burgermeister
und Stadt-Diener auf offenem Marck wegen seines von
ihnen angehaltenen Waagens mit Thätlichtkeit verfahren
und einige von der Bürgerschafft sich zu deren Rettung und
in Rechten erlaubter Gegenwehr gestellt haben, mithin es
aus diese Weiß zu einigem Handgemeng gerathen, so doch
gleich durch die gute Anstalt Unserer Officieren beygelegt
worden ist; fort daß einige Soldaten, welche sich auf ver-
dachtige Weiß zurück gehalten von Unsern Leuthen aufge-
sucht und zu ihrem Regiment hingeschafft worden: ohne
hier zu gedencken, daß einer von ihnen in der Casern nechst
an dem Pulver Magazin einen brennenden Lunten in eine
Matratzen verborgen, welcher schon so weit seinen Effect zu
thun angefangen, daß solche an zweyen Orthen gebrennt
und ein grosses Unglück über die gantze Stadt hätte kommen können, wann man durch Vorsichtigkeit solchem nicht
zeitlich Vorkommen wäre, und wann Unserseits etwas un-
zulässiges bey erstgemeltem Außzug oder sonst Vorgängen
seyn sollte, würde der Obrist von Burmannia[19] den darauf
erfolgten Tag sich gegen Unsern Obristen Cantzlern und

---

[19] Berthold Douma Baron von Burmannia, ausserordentlicher Gesandter der Herren General-Staaten, weiter nichts bekannt.

gegen den Baron von Kleisten bey dem von ihnen genommenen Abschied nicht für die gehaltene gute Ordres und gebrauchte Bescheidenheit wie er gethan hat, bedanckt haben.

So ist auch in dem Rastatt- und Baadischen Frieden im geringsten nichts enthalten, deme wir durch das vergangene einiger Massen zuwider gehandelt zu haben von Eueren Hochmögenheiten mit Fug und Bestand beschuldiget werden können: da vielmehr darin deutlich versehen ist, daß Wir vollkommenlich und ohne einige Außnahm in alle Unsere Chur- und Fürstliche Landen Ehren, Würden, Praerogativen, Regalien, Güter, Gerechtsamen und Zugehörungen, welche Wir oder Unsere Vorfahrer vor dem letzten Krieg kundbarlich hergebracht eingehabt und genossen oder geniessen können, widerumb hergestellen, nicht aber von Eueren Hochmögenheiten darin betrübt und behindert oder von deroselben Militz ausser ihren Landen und Gebieth im Römischen Reich und zwar in Unserer eigener Residentz-Stadt auff vorerwehnte Weiß hart getrucket, beschränckt, und <5> unter dem Joch gehalten; ferner daß alle von den im Krieg gegen ein ander gestandenen Theilen unter wehrender Hostilität etwan erlittene und durch den allgemeinen Frieden in ewige Vergessenheit gesetzte Beschädigungen niemanden unglimpflich vorgerückt werden sollen: da hingegen die darauff erfolgte mehrmahlige Käyserl. Eueren Hochmögenheiten und Dero Ministris zu Wien, Regenspurg, Antwerpen und im Haag eröffnete gerechte Erklärungen und vorbemercktes Reichs *Conclusum* vom 26. Septembris überflüssig bewehren, daß Euere Hochmögenheiten

im Römischen Reich und in Unseren darzu gehörigen Landen einen vesten Fuß zu halten nicht berechtigt seynd.

Die gute Officia, welche Euere Hochmögenheiten bey
der Ertz-Bischofflichen zu Cölln beschehenen Wahl Uns ge-
leistet zu haben vorgeben, seynd hauptsächlich Ihrer dama-
hliger eigener Convenientz und dem gegen den verstorbe-
nen Herrn Cardinale von Fürstenberg von Ihnen geschöpf-
ften Widerwillen; nicht aber einer zu Unserer Persohn absonderlich getragener Neigung beyzumessen; wie sich etliche Jahr darauff nach Unsers letzten Hn. Vorfahrers zu
Lüttig erfolgtem Todt unverneinlich gezeigt hat, da bey der
hernach angestellten Bischoffs-Wahl Euere Hochmögenheiten in Unserer eigener Gegenwart daselbst alles vorgekehrt,
was Uns darvon außzuschliessen nur zu erdencken gewesen:
dessen ungeachtet Wir jedoch Euerer Hochmögenheiten
gute Freundschafft zu heegen und zu unterhalten aufrichtig
gesucht haben und noch ferner zu cultiviren gern geflissen
seyn wollen: auß welchem alleinigem Absehen und nicht
auß Schuldigkeit Wir Uns zur Einebnung der äusseren For-
tificationen so vil thunlich erbotten und gewiß nie gedacht
haben, selbige in solchen Stand zu richten, worauß Euere
Hochmögenheiten oder sonst jemand begründete Ursach
haben könnte, dißfalls etwas widriges zu befahren.

Wo Wir doch nicht ungeandet lassen sollen, daß die von
Eueren Hochmögenheiten bey Auffrichtung Ihrer Republique auff die Bahn gebrachte Maxime, als wann Ihnen zu Ihrer eigener Sicherheit aller Ihrer benachbarter Vestungen
und Landen zur Brustwehr und Vormaur dienen müsten
weder im Römischen Reich noch anderstwo für gut

aufgenommen oder gehalten werde: sonderen so viel Ihre Sicherheit von aussen betrifft dieselbe durch gute Verständnuß mit Ihrer Kayserl. Majestät, dem Reich und allen benachbarten Potentzen gewonnen und erhalten werden müsse, worzu Wir Uns auch gern verstehen und bequemen, nimmermehr aber dareinwilligen werden, daß Euere Hochmögenheiten gegen Recht und Billichkeit auch wider Ihrer Käyserl. Majestät allergnädigsten Willen und <6> des Heil. Römischen Reichs Independentz und Grundsatzungen Unsere Residentz oder andere Vestungen mit Ihrem Kriegs-Volck, unter was Umwand es auch seye, eigenmächtig besetzen oder besetzt halten mögen, nicht zweyfflende Sie werden sich diese Unsere rechtmässige Erklärung desto minder mißfallen lassen als es Weltkündig ist, daß Euere Hochmögenheiten auß dieser wohl erwogener Ursach von der im neulichen ersten Eyfer biß an die Mosel vorgehabter Barriere von selbst abgestanden seynd und wohl betrachtet haben, daß Sie Ihre völlige Sicherheit nirgendwo und auff keine Weiß besser als in der Fortsetzung beständiger wahrer Freundschafft mit Ihrer Käyserl. Majestät und dem gesambten Römischen Reich und bevorab in Beybehaltung der guten Harmonie mit dem Chur-Rheinischen und anderen nechstgelegenen Craysen des Römischen Reichs finden werden.

Worzu Wir Unseres Orths Uns nochmahlen hiermit treumüthigst erbieten und deswegen nicht wohl begreiffen, warumb Euere Hochmögenheiten zur unvermutet: und nicht verschuldeter Außweisung Unseres Residenten Magis auß dem Haag und Dero gantzem Gebiet geschritten seynd und Uns also die Gelegenheit mit Ihnen fernere

Communication zu pflegen benommen: ja noch wegen dessen, was Wir für den Kayser, das Reich und Uns selbst noch tringlich gethan haben auff eine öffentliche reparation antragen als wann auch die urälteste zu des Römischen Reichs Wohlfahrt gewidmete Rechten für Unrecht passiren müsten, wann sie Eueren Hochmögenheiten und Ihren neuen Maximen nicht anstehen: worbey Wir Euerer Hochmögenheiten vernünfftiger Uberlegung anheim geben, ob Wir nicht viel mehr Ursach und Recht haben wegen dessen daß Sie zu Unserer Bönnischen Bürgerschafft noch längerer Beschwärung Ihre Officier und Gemeine über die Zeit als sie gesollt hätten hier einquartirt gelassen und daß Sie nachdem Wir selbe endlich gerechtester Massen zum Abzug auß dem Reichs-Boden vermögt, Euere Hochmögenheiten Unseren von Ihnen erteilten und angenommenen Residenten wider aller Völcker Recht als einen öffentlichen Feind Ihres Staats außgewiesen: zu geschweige was der jüngst von Huy mit schlechtem Ruhm abgezogene Commendant Cronstrom durch allerhand Eingriff in Unsere Lands-Fürstl. Hochheit auch unaufhörliche unzulässige Gelt-Erpressungen und kurtz vor seiner Abreiß nach Engelland durch ärgerliche Einkärckerung Unserer alldortigen Bürgermeistern unverantwortlich verübt hat: über welches alles Wir biß zur Stund noch keine empfangen und dahero Uns billiger vor der gantzen Welt deshalben zu beklagen haben, als was Euere Hochmögenheiten der in Unserer Statt Bonn jüngst hinterlassener Magazinen <7> halber anführen wollen, zumahlen sich unser General Wachtmeister Baron von Kleisten dem Obristen Burmannia und den jenigen, welche von Eueren

Hochmögenheiten darzu bestellt gewesen, angezeigt von Uns befelcht zu seyn, daß ein ordentliches Inventarium über alles und jedes so in den Magazinen befindlich beyderseits zugleich auffgerichtet werden mögte, worvon man hernach einem jeden das seinige nach beschehener Separation, einraumen könte: worzu aber Euerer Hochmögenheiten Magazinier sich damahlen nicht verstehen, sondern die außtrückliche Ordres Ihrer Souverainen darüber einholen wollen.

Dieses ist, was Wir gegen Euere Hochmögenheiten auff Ihr gleich Eingangs erwehntes Schreiben zu antworten für nöthig erachtet haben, Uns reservirend, was Wir vermög des Badischen Friedens und sonst mit bestand Rechtens wegen Unserer Ertz- und Hoch-Stiffter noch ferner zu suchen haben: und verbleiben im übrigen Eueren Hochmögenheiten zu Bezeigung beharrlicher guter Freund- und Nachbarschafft geflissen.

Bonn den 30. Decembris 1715.

Euer Hochmögenheiten

Gutwilliger Freund und Nachbahr

Joseph Clement Chur-Fürst.

1715 Dez 30 Kurfürst Joseph Clemens an die Generalstaaten, betr. Abzug der Truppen aus Bonn

Response faite par Son Altesse Serenissime Electorale de Cologne à la Lettre de Messieurs les Etats Généraux des Provinces-Unies, en date du 17. Décembre, au sujet de la sortie de leurs Troupes de Bonn.

Nous avons reçu la Lettre que VV.HH.PP. Nous ont écrite le 17. de ce mois, & Nous y avons {Lit. A.} veu ce qu'Elles ont jugé à propos de Nous faire sçavoir au sujet du départ du Régiment, qu'Elles avoient depuis quelques années entretenu dans notre Résidence, pour y faire la garde provisionellement pendant la guerre. Dans la forte persuasion où Nous étions depuis la dernière Paix, que le Ciel Nous a accordée, que nos assurances plusieurs fois réitérées de vouloir entretenir avec VV.HH.PP. une amitié, & un voisinage très-sincères, ainsi qu'Elles le marquent Elles-mêmes, auroient porte coup auprès d'Elles, & les auroient même engagées au reciproque; Nous avons véritablement été surpris, que la conclusion <2> de la Paix ayant assoupi tout sujet de méfiance, & ayant rétabli même entre les principales parties contractantes une bonne intelligence, Nous ayons dû être seuls privés de ses doux effets, & que VV.HH.PP., sous prétexte de leur seureté, ayent voulu laisser dans notre Residence des troupes à leur solde, & Nous y tenir comme dans une espèce d'arrêt. Nous avions déclare plusieurs fois, qu'outre la Contrescarpe, que Nous avions deja trouvée, à notre retour, en très-mauvais état, Nous étions prêts de faire démolir, du consentement de S.M.I.[20] & de l'Empire, tous les autres ouvrages extérieurs, pourveu que le Corps de la Place demeurat fermé, de manière que notre Personne, notre Cour, & les habitans de la Ville y fussent à couvert de surprise.

VV.HH.PP. ont allegué sur cela, de leur côté, le Traité qu'Elles avoient conclu à Utrecht avec la France; mais ce Traité ne peut produire aucun effet à notre égard: Non feulement il n'a point été accepté de la part de S.M.I. & de l'Empire, ni de la nôtre; mais on a même protesté positivement contre ledit Traité au {Lit. B} nom de notre Principauté de Liège, par raport à ce qui la regarde. La feue Reine d'Angleterre n'avoit promis autre chose, que d'employer ses diligences pour porter S.M.I. & l'Empire à l'agréer dans les points qui auroient raport à tout l'Empire, ou à ses Membres principaux. Le feu Roi Très-Chrétien de même n'avoit promis autre chose, que de faire tout ce qui dépendroit de lui pour Nous faire agréer les points de ce <3> même Traite, qui concernoient & Nous, & nos Etats.

Notre contentement ne s'en étant point ensuivi, & VV.HH.PP., depuis l'affaire de Spirbach, ayant Elles-mêmes renoncé à la Convention qu'Elles avoient obligé le Chapitre de notre Métropolitaine de Cologne de faire avec Elles, après le dernier siège de notre bonne Ville de Bonn, & pendant notre absence, sans que cette Convention ait jamais été

---

[20] = Sa Majesté Imperiale = Seine Kaiserliche Majestät.

aprouvée, ni par S.M.I., ni par l'Empire, ni par Nous-mêmes, & pressé vivement au contraire l'entière réparation des fortifications de cette Place: Ce qu'il a même fallu exécuter aux dépens de nos Etats & Sujets, d'ailleurs fort épuisez, VV.HH.PP., aussi-bien que toutes personnes désintéressées comprendront sans peine, que ni le Traité d'Utrecht, ni ladite Convention, qu'Elles avoient faite avec notre Chapitre, & abandonnée peu de mois après, ne leur a pu donner la moindre ombre du droit qu'Elles prétendent avoir acquis par l'un & par l'autre: de forte que de notre côté Nous ne prétendons pas non plus être engagez par là à quoi que ce soit: & cela d'autant moins que S.M.I. & l'Empire n'avoient confié à VV.HH.PP. la garde provisionelle de la Ville de Bonn, que jusqu'à la Paix, pour la mettre hors de danger; & qu'aussi-tôt après le Traité conclu à Bade[21], il a été signifie aux Ministres de VV.HH.PP. à Vienne & à Ratisbonne, au nom de l'Empereur & de l'Empire, que leurs troupes, aussi-bien que celles du Cercle de Westphalie, désormais n'y étoient plus nécessaires, & sur tout que celles de VV.HH.PP. ne pouvoient <4> rester davantage ans notre Résidence contre la teneur es Constitutions e l'Empire. La même chose été signifiée aux Plénipotentiaires de VV.HH.PP. à Anvers par le Comte de

---

[21] Der am 7. September 1714 in Baden im Aargau (CH) geschlossene Friede von Baden ist einer der Friedensschlüsse zum Ende des Spanischen Erbfolgekrieges. Er folgte dem Frieden von Utrecht und dem Frieden von Rastatt. Im Frieden von Baden wurden nun unter anderem die formal noch fehlenden Vereinbarungen mit dem Heiligen Römischen Reich getroffen. Der Kaiser bekam im Rahmen des Friedens die gesamten Spanischen Niederlande sowie die spanischen Nebenländer in Italien, also Neapel (jedoch ohne Sizilien), Mailand, Mantua und Sardinien zugesprochen. Frankreich räumte die Eroberungen im Breisgau und behielt dafür Landau. Die Kurfürsten von Bayern und Köln wurden in ihre Länder und Würden wieder eingesetzt (nach Wikipedia).

Königsegg Plénipotentiaire de S.M.I. & à VV.HH.PP. mêmes à la Haye par le Baron de Heems Envoyé Extraordinaire de Saite M.I.; sçavoir, qu'enfin il plût à VV.HH.PP. de rappeller leur Régiment, à l'exemple du Cercle de Westphalie, lequel, à la premiere sommation, en avoit aussi-tôt retiré ses troupes.

Toutes ces instances n'ayant produit aucun effet, Nous n'avons pû moins faire, que d'informer S.M.I. de tous ces délais, non seulement mal sondés, mais même injurieux à tout l'Empire. En effet, il a paru à Sa Majesté Impériale, que tant de retardemens n'êtoient plus tolerables: Cependant, Elle a bien voulu 'abondance, qu'on fit renouveller à l'Envoyé Extraorinaire de VV.HH.PP. qui reside à Vienne, & à Elles-mêmes par son Ministre à la Haye, les mêmes instances pour le rappel du Régiment qui êtoit ici, & qu'on pressat {Lit. C} vivement VV.HH.PP. d'y donner les mains, sans plus de tergiversation, afin de prévenir les extrémités, & qu'a notre retour de Munich Nous trouvions la Ville de notre Résidence évacuée, & délivrée de Troupes étrangères.

Outre tout cela, Nous avions prié Nous-memes très instanment VV.HH.PP. par notre Lettre dâtée {Lit. D} à Wasserbourg le 17. Octobre, de vouloir bien rapeller leur Régiment avant le premier de Novembre, ou <5> bien de ne pas trouver mauvais, qu'en conséquence des Loix fondamentales de l'Empire & de la dernière Conclusion de la Diète de Ratisbonne, en date du 26. Septembre dernier, approuvée par Sa Majesté Impériale, Nous prissions les mesures nécessaires & convenables a cet égard. Nous avons même attendu jusqu'au 16. du même mois de Novembre la résolution de

VV.HH.PP.; {Lit. E} & ce ne fut qu'au matin de ce jour-là, que sans aucune violence, & qu'en bon ordre Nous fimes entrer, non pas par l'ouverture de quelques Ouvrages de dehors, comme on l'avoit mandé à VV.HH.PP., mais par le pont, & par la porte appellée quelques-unes de nos Troupes, pour prendre poste aux portes de la Ville, & par tout où il êtoit nécessaire: Mais tout cela n'ayant encore pu déterminer à rien VV.HH.PP., pour maintenir l'authorité & la gloire le S.M.I. comme aussi pour soûtenir les Droits du St. Empire, & nos propres prerogatives, & sur tout notre indépendance à l'égard de VV.HH.PP., Nous fimes partir l'onzième de ce mois de bonne manière ledit Regiment de VV.HH.PP. peu d'heures avant notre {Lit. F} retour & ordonnâmes de lui fournir toutes les choies, nécessaires pour en avancer le départ.

Il Nous est inconnu, qu'on ait frapé qui que ce soit à la reserve du démêlé, qu'un de vos Officiers & son valet eurent avec un Bourgmestre & un valet de Ville en place publique, au sujet d'un chariot arrêté: ce qui causa quelque tumulte, & obligea la Bourgeoisie d'assister son Chef par voye de deffense permise à un chacun: <6> lequel demelé néanmoins fut aussitôt apaisé par la sage conduite de nos Officiers; & à la reserve aussi de quelques Soldats du Regiment, qui aïant tâché de rester dans la Ville d'une manière suspecte, on les ramassa & obligea de suivre leur Corps: sans faire mention ici, qu'un de ces soldats avoit caché dans une chambre des Casernes, proche le Magasin â poudre, dans un matelas une mèche allumée, laquelle y ayant déjà mis le feu en deux endroits, êtoit sur le point de causer un grand malheur, si on ne l'avoit prévenu par une sage vigilance. De plus, s'il s'etoit passé quelque chose, qui ne fut point dans l'ordre, le Colonel de Burmannia n'auroit pas remercie le lendemain notre Grand Chancelier, & le Baron de Kleisten notre Maréchal de Camp, comme il a fait en prennant congé d'eux, de leur bon ordre, & de leur modération.

Nous ne voyons pas non plus quoi que ce soit dans toute notre conduite, qui puisse Nous attirer avec raison le reproche de VV.HH.PP. d'avoir contrevenu aux Traités de Rastat & de Bade: Au contraire, il est porte dans ces Traités en termes exprès, que Nous serons rétablis pleinement, sans aucune exception, dans tout notre Electorat, & dans toutes nos Principautés, Etats, Honneurs, Dignités, Prérogatives, Regaux, Biens, Droits, & apartenances, que Nous & nos Prédecesseurs avions possedez avant la dernière Guerre, & dont Nous avions joui, ou deu jouir, & non pas, que Nous y pussions être troublés par VV.HH.PP., & empêchés d' en jouir, ou que Nous puissions être opprimés <7> par leurs Troupes au milieu de l'Empire, & dans notre propre Résidence, & être, pour ainsi dire, mis sous le joug étranger de VV.HH.PP. Il est de plus porté par les mêmes Traités, que tout ce qui s'est passé, toutes les hostilités exercées de part & d'autre, & tous les torts faits, & tous les dommages causés, seront par la Paix generale mis dans un éternel oubli, & ne pourront être reproches a personne. Tout cela joint aux justes Declarations faites consecutivement à VV.HH.PP. par S.M.I., & à leurs Ministres à Vienne, à Ratisbonne, à Anvers, & à la Haye, comme aussi la susdite Conclusion de la Diète de l'Empire du 26. Septembre, confirment abondanment que VV.HH.PP.

n'ont nul droit de prendre pied dans l'Empire, & dans nos Etats qui en dependent.

Les bons offices que VV.HH.PP. prétendent Nous avoir rendus au temps de notre Election à l'Archevêché de Cologne, ont été des effets de leur propre convenience, & de leur aversion pour le feu Cardinal de Furstemberg, & nullement ceux d'une affection particuliére pour Nous, ainsi qu'il a paru peu d'années après, au décès de l'Evêque de Liege notre Prédecesseur: VV.HH.PP. ayant par tout emploié, en notre propre présence, tout ce qui pouvoit servir à Nous exclure de cet Eveche, quoi que Nous eussions recherché sincerement leur bonne amitié, & que Nous soyons encore à present portes a la cultiver. C'est aussi dans cette veüe seule & nullement par aucun devoir, ni obligation, que Nous avions offert de faire raser les fortifications extérieures <8> de Bonn, autant qu'il se pourroit, sans avoir jamais eu la pensée de la mettre dans un tel état, qu'elle put donner ombrage ni à VV.HH.PP., ni a quelque autre que ce soit.

Nous ne pouvons Nous dispenser d'ajouter ici, en cette occasion, que tout le monde convient, qu'au lieu de suivre la Maxime établie par VV.HH.PP. dès la naissance de leur Republique, que pour leur propre seurete, les Places & Pays de leur voisinage leur doivent servir de barrière & de chemin-couvert: ce qui jusques à présent n'a point été tenu pour valable dans l'Empire, ni ailleurs Elles devraient bien plutôt chercher, & sonder leur seureté au dehors sur une bonne & parfaite intelligence avec S.M.I. & l'Empire, & avec les autres Puissances voisines. Nous Nous y conformerons de même; mais Nous ne consentirons jamais, que VV.HH.PP contre tout droit & contre toute équité, même contre la volonté de S.M.I., & contre les Loix fondamentales de l'Empire, & de son indépendance, conservent de leur propre authorité leurs Troupes dans nos Forteresses, dans la persuasion, que ce que Nous déclarons ici, leur déplaira d'autant moins, que VV.HH.PP., apres une mûre deliberation ont désisté Elles-mêmes de la Barrière qu'Elles s'êtoient proposée au commencement de la dernière Guerre, de pousser dans la premiere chaleur jusques à la Moselle, faisant sans doute reflexion qu'Elles ne pourraient plus solidement établir leur seureté que sur les bonnes grâces de S.M.I. & de l'Empire, & sur une bonne harmonie entre <9> Elles & les Etats & Cercles voisins.

C'est à quoi Nous offrons dereches de contribuer de notre part, sans pouvoir comprendre ce qui a pû porter VV.HH.PP. à faire sortir brusquement de leurs Etats le Sr. Magis notre Résident, & de Nous ôter par là l'occasion d'entretenir avec Elles un bon commerce, & moins encore d'exiger de Nous une réparation publique, pour une choie que Nous avons été indispensablement obligés de faire pour S.M.I., pour l'Empire, & pour Nous-mêmes, comme si les droits les plus anciens, sur lesquels est sondé le salut de l'Empire, dussent passer pour des injustices, aussitôt qu'ils ne quadreront pas avec les nouvelles Maximes de VV.HH.PP., auxquelles Nous donnons à considerer, si ce n'est pas plutôt a Nous de Nous plaindre de ce qu'Elles ont laisse sur les bras de la Bourgeoisie de Bonn leurs Troupes, tant Officiers que soldats, au delà du temps qu'ils y dévoient demeurer; & de ce que, pour avoir été obliges de les faire retirer du Territoire de l'Empire, Elles ont chasse de leurs Etats, contré le Droit des Gens, & comme un Ennemi déclaré, notre Résident, reçu & reconnu pour tel par VV.HH.PP., sans parler de tous les attentats commis contre notre Jurisdiction par le Sieur Cronstrom, ci-devant Commandant à Huy, par les continuelles vexations, & par l'emprisonnement scandaleux des Bourgmestres de ce Lieu-là, avant son départ pour l'Angleterre, sans que Nous ayons jusqu'ici reçu la moindre satisfaction là-dessus. Nos plaintes en cette rencontre étant, de l'aveu de tout <10> Monde, bien plus legitimes que celles que Nous sont VV.HH.PP. touchant leur Magasin qui a resté dans Bonn; puisque le Baron de Kleisten, notre Maréchal de Camp, avoit positivement déclaré au Colonel Burmannia, & aux autres préposés par VV.HH.PP. avant leur départ, d'avoir ordre de Nous, qu'il fut fait un inventaire en bonne forme de tout ce qui se trouveroit dans les Magasins, pour pouvoir ensuite remettre a un chacun, après la séparation, ce qui lui aparreindroit. A quoi cependant les Magaziniers de VV.HH.PP. n'ont point voulu donner les mains, disant qu'ils dévoient attendre là-dessus les ordres de leurs Souverains.

C'est ce que Nous avons jugé à propos de répondre a la Lettre de VV.HH.PP.: Nous referons au surplus ce que Nous avons à prétendre encore à bon droit en vertu de la Paix de Bade, par raport à nos Archevêché & Evêchés, & Nous sommes &c.

A Bonn le 30. Décembre 1715.

Literaturverzeichnis

(1715). *Antwort Ihrer Churfürstl. Durchl. zu Cöln .. wegen Außschaffung ihrer Truppen auß Bonn.* Flugschrift. Récupéré sur http://resolver.staatsbibliothek-berlin.de/SBB00016DEB00000000

Ennen, L. (1851). *Der spanische Erbfolgekrieg und der Churfürst Joseph Clemens von Cöln.* Jena: Mauke.

Flörken, N. (2015). *Die Belagerung und Zerstörung Bonns 1689. Ein Lesebuch.* (USB Köln, Éd.) Consulté le Okt 01, 2015, sur http://www.ub.uni-koeln.de/bibliothek/pub/eschriftenreihe/index_ger.html: http://kups.ub.uni-koeln.de/id/eprint/6292

Flörken, N. (2017). *Die dritte Belagerung Bonns 1703. Ein Lesebuch.* Norderstedt: Books on Demand.

Flörken, N. (2017). *Die erste Belagerung Bonns 1673. Ein Lesebuch.* Norderstedt: Books on Demand.

Flörken, N. (2017). *Kurkölnische Landesmütter. Die Frauen der Kölner Erzbischöfe.* Norderstedt: Books on Demand.

Heigel, K. T. (1883). Ein Bericht des Kurfürsten Joseph Clemens von Köln über die Vertreibung der Holländer aus Bonn am 11. Dezember 1715. *AHVN, 39*, p. 163 ff.

Mittelsten Schee, H. (1938). Das Ende der Festung Bonn. *Bonner Geschichtsblätter, 2*, p. 1 ff.

(1715). *Response faite par son Altesse Serenissime Electorale de Cologne -- au sujet de la sortie de leurs Troupes de Bonn.* Flugschrift. Récupéré sur http://www.ub.uni-koeln.de/cdm/ref/collection/rheinmono/id/585917

Theatrum Europaeum 1713-1715 (Vol. 20). (1734). Frankfurt: Merian.

Index

ohne Bonn, Köln, Cologne

W